SIMONE

Deux ou trois choses que je sais d'elle

JEAN-FRANÇOIS JOSSELIN

SIMONE

Deux ou trois choses que je sais d'elle

BERNARD GRASSET

PARIS

Simone Signoret, je l'ai connue les dernières années de sa vie. Je lui rendais visite chaque semaine ou presque, place Dauphine, ou à Autheuil, dans sa belle maison blanche de Normandie. Je n'étais pas un de ses intimes, non, et je n'oserais jamais me présenter comme tel. Mais j'étais un fidèle... D'ailleurs je la voyais seul à seule. Bien sûr, il m'arrivait de croiser Yves Montand. Mais, d'une façon curieuse et avec une délicatesse rare, il avait compris que j'avais, avec son illustre épouse, une relation singulière. Et donc il n'intervenait pas dans nos bavardages, sinon par hasard. Montand, je l'ai vraiment connu quelques secondes, deux ans après la disparition de Simone. On m'avait envoyé chercher la copie d'un de ses articles, je

*crois. Il était debout dans la petite entrée atte-
nante au salon de la « roulotte ». Il triait des
photos. Il m'avait fait un clin d'œil sans se
déranger de son travail. A un moment, il s'était
exclamé quelque chose comme : « Putain !
Qu'elle est belle ! » Et il m'avait montré des
photos datant des belles années du* Salaire de la
peur *et de* Casque d'or *qui furent tournés à la
même époque. Des larmes noyaient ses yeux.
On dira ce qu'on voudra, mais je peux témoi-
gner, certifier du moins qu'Yves était aussi
amoureux de Simone que Simone d'Yves.
Envers et contre toutes les bourrasques de leurs
existences privilégiées mais rudes. Il se trouve
aussi que, pendant ces années, j'ai effectué
nombre d'interviews de Simone Signoret pour*
Le Nouvel Observateur, *notamment en compagnie de Franz-Olivier Giesbert et Jean-Paul
Enthoven. C'est à ce dernier, justement, que je
dois d'avoir entrepris de rédiger les deux ou
trois choses que je sais d'elle, Simone — pour
reprendre le titre du film de Jean-Luc Godard.
Je ne prétends pas ici « raconter » Simone Signoret. Mais l'évoquer, comme je la voyais; au
hasard, en coup de vent, en coup de cœur. Si l'on
veut tout savoir de Simone, rien n'est plus
simple : il suffit de lire ou de relire ses deux
magnifiques autobiographies* La nostalgie n'est

Deux ou trois choses que je sais d'elle

plus ce qu'elle était *et Le lendemain elle était souriante. Et de compléter cette lecture par le beau livre de Catherine David, le non moins beau texte de Jorge Semprun sur son ami Yves, sans oublier, évidemment, la somme de Hamon-Rotman sur Montand où Simone ne pouvait qu'avoir le premier rôle. Donc, je n'ai pas cru devoir parler ici de ce dont nous, nous n'avions pas tellement parlé, de la cousine de Bratislava ou de certains films qu'elle avait enfouis dans sa mémoire, de certains amis qui ne l'étaient plus, et de projets d'avenir qui ne pouvaient plus l'être. Ah! si, il y avait un projet auquel je tenais tant et auquel, je crois, elle était attachée : celui d'une conversation à bâtons rompus sur son art et son métier de comédienne. Nous avions décidé de l'écrire sous la forme d'un dialogue. Elle était prête, moi aussi évidemment. Comme deux « camarades » qui vont entrer en scène sur la page blanche. Hélas... au fond, c'est un peu cette belle histoire avortée qui m'a donné la force et surtout le désir d'évoquer mes quelques jours avec Simone.*

Le ciel bleu se prête au malheur. Ce matin-là, le temps est doux, chaud pour la saison. Un bel automne. On prévoit pour l'après-midi entre 24 et 27 degrés centigrades sur la France, avec une pointe de 31 degrés du côté de Marseille. La rentrée s'effectue avec les vagues prévues, attendues. En Nouvelle-Calédonie, les élections régionales ont été un succès pour les thèmes indépendantistes mais il n'est pas question d'une rupture avec la métropole. Au congrès du Parti socialiste, on enregistre la percée de Michel Rocard. On attend Mikhaïl Gorbatchev et son épouse Raïssa pour une visite officielle. A ce propos, on annonce une manifestation de solidarité avec les Juifs soviétiques, à Paris. Emmenée, comme d'habitude, par Marek Halter, Bernard Kouchner et André Glucksmann. Et Simone et Montand ? Montand s'est excusé : il tourne *Manon des sources* de Claude Berri, d'après Pagnol, en haute Provence. Simone, elle, se repose du tournage de son dernier feuilleton télévisé, *Music-Hall* de Marcel Bluwal, dans leur belle maison blanche d'Autheuil-Authouillet. Elle se remet aussi d'une opération subie au début de l'été. Décidément une belle journée, ce lundi 30 septembre 1985. Il faut en profiter. L'anticyclone qui protège la France du froid et de la pluie devrait s'effacer devant le flux perturbé venu de l'Atlantique. Tiens ! à propos de Montand, FR 3 programme pour ce soir, 20 h 30, *La guerre est finie* d'Alain Resnais sur un scénario de Jorge Semprun, familier entre tous de la « roulotte », place Dauphine. La famille, même.

Les signes. On ne veut pas les voir. Le ciel bleu était-il un signe ? Peut-être. En tout cas la tragédie, parce qu'elle est d'origine méditerranéenne, sans doute, s'accommode volontiers du soleil. Le soleil dans l'œil, qui aveugle. La tragédie éclate au zénith, dans un espace sans écho. Bien sûr, il y avait des rumeurs. Simone est malade. On l'a opérée. Elle est en convalescence, là-bas, dans le bocage normand. On prend la sortie de Gaillon, sur l'autoroute de l'Ouest, que l'on franchit après avoir tourné à gauche, et on y est déjà. J'étais allé la voir, la semaine passée. Elle m'avait dit : « Ne venez pas trop tôt, on me fait des soins qui me fatiguent. En principe, je ne déjeune pas avant quatorze heures. Ou alors si vous venez de bonne heure, vous vous dorerez dans mon beau jardin. » Et comme on riait de tout et de rien, elle avait ajouté selon l'habitude, selon le rite : « Bon, on ne va pas se raconter tout maintenant ou alors on n'aura plus rien à se dire tout à l'heure. » Et en effet, quand j'étais arrivé dans la superbe maison d'Autheuil — une maison où l'on fredonne, d'ailleurs elle précisait, Simone, en désignant les meubles ou les tableaux : ça, c'est *Les Feuilles mortes*, celui-ci, la *Demoiselle sur une balançoire*, celle-là, *Les Roses de Picardie* —, on m'avait prévenu : « Elle » n'a pas encore apparu. « On » — Marcelle, la fidèle, la confidente, la gouvernante — m'avait installé dans le salon où sur les murs il y avait la légende de Montand et Signoret. Je feuilletais un journal quand j'ai entendu sa voix qui chantait un air d'opérette américain (*Chicago, Chicago*) en descendant à la manière d'une « girl » l'escalier en colimaçon qui menait à sa chambre.

Elle m'a demandé dans un sourire : « Est-ce que ce n'est pas une belle arrivée de théâtre ? » Elle était très belle, pas maigre mais amincie, dans des tissus crème, doux, les cheveux blancs courts, ondulés, le teint pâle, les yeux d'eau profonde, comme toujours. Elle a insisté pour que je boive un verre de vin et elle m'a prévenu, simple et nette : « On en parle une fois pour toutes et puis on passe à des sujets plus stimulants. Voilà, juste après le Bluwal [*Music-Hall*, une mini-série pour la télévision], j'ai été voir mon petit docteur, ici. Je lui ai demandé : ne me racontez pas d'histoire, cette fois, je l'ai chopé ? Il m'a répondu : oui, madame Signoret. Alors on s'est attablés pour savoir comment on allait raconter ça, à Montand, à Catherine et tous les copains. »

Ce n'était pas drôle mais on a ri, c'était une dame si polie, enfin si courageuse, Simone. Et puis on est passés à table. En dépit de sa quasi-cécité, elle avait toujours sa démarche royale, sa démarche d'actrice, rapide, la tête un peu dans les épaules, les épaules un peu redressées. Sur le tournage de *Music-Hall*, Bluwal était fasciné : « Dès qu'on crie "moteur", elle voit mieux que les autres. Je lui ai fait faire des choses très difficiles. Elle a toujours une grande carrière devant elle. » Marcelle nous a servi des langoustines mayonnaise. Trois fois, elle a trempé un petit morceau de pain dans la mayonnaise. « C'est bon », approuvait-elle, gourmande et gaie (enfin me donnant l'illusion de l'être). « Si l'appétit revient, la santé aussi. » J'ai murmuré : « Mais vous n'êtes plus malade. Vous avez été malade mais maintenant, c'est fini. » Elle m'a considéré avec un demi-sourire malicieux : « Hé oui ! » Et puis elle a trempé un quatrième petit morceau de pain dans la mayonnaise.

Simone avait un bel appétit. Montand la grondait un peu, s'inquiétait de sa fringale pour les pâtés et les saucissons. Elle détestait la nouvelle cuisine et surtout ces maigres haricots verts éparpillés en garniture, en bataille, qu'elle appelait « les dissidents ». Au printemps dernier, nous avions voisiné, elle à Quiberon et nous, Hector Bianciotti et moi, à Belle-Ile. Un jour, nous étions allés la voir. On lui avait proposé de faire le mur, d'échapper le temps d'un déjeuner au régime thalasso. On avait réservé une table dans un restaurant très chic de La Trinité-sur-Mer. Là, on avait eu un fou rire en détaillant le menu, les croustades-ceci, les coulis-cela. A la fin, au maître d'hôtel distingué, fier d'avoir une personne aussi célèbre dans son établissement mais silencieusement offusqué par nos plaisanteries, elle avait demandé avec une moue d'enfant : « Si je comprends bien, on ne sert pas de frites, ici. » Et puis plus tard, dans le taxi, les yeux grands ouverts sur sa nuit, elle avait égrené les noms des localités de la presqu'île de Quiberon au fur et à mesure que nous les dépassions, Carnac, Saint-Pierre, Saint-Julien... les noms de sa nostalgie.

A Autheuil, comme d'habitude, il y avait des frites, des vraies, des dorées, des croustillantes. Mais elle n'y touchait pas. A la fin du déjeuner, elle a dit : « Voilà comment on va faire. Je vais me mettre au lit. Et quand je serai prête, vous monterez me lire quelques pages. » Apaisée, dans son lit, adossée à une cascade d'oreillers qui semblaient moelleux, baignée par la lumière ensoleillée de la Normandie, elle était très belle, sans âge. Autour d'elle, dans la chambre, des fleurs, des livres, un poste de radio. « Je ne veux pas des horreurs, ici, m'avait-elle expliqué, les horreurs, on les fait chez Volodia. » Ce qu'elle appelait Volodia, c'était la petite pièce, la cellule monacale où elle avait écrit son roman, où elle avait souffert les mille martyres de l'écriture, où elle avait été heureuse et déchirée pendant dix-huit mois. Et les horreurs, bien sûr, c'étaient les médicaments, les soins. Je lui ai lu quelques pages. Très vite, elle m'a interrompu d'un signe de la main : « Excusez-moi mais je crois que je vais plonger. » Je lui ai baisé la joue. Et j'étais sur le point de sortir de la chambre quand elle m'a arrêté. Son œil de chat, son œil de mer me regardait, fixe et doux : « Vous savez, a-t-elle murmuré, je suis sereine... » Sereine. Ma famille m'a tellement inculqué la politesse de l'optimisme que l'adjectif m'a rassuré. Son ami Claude Roy, quand je lui ai raconté cette visite, a eu, lui, une petite grimace d'inquiétude devant cette « sérénité ».

Le ciel est trop pur pour être serein, ce lundi 30 septembre. La nouvelle explose. Partout, en même temps. Simone, Signoret, Simone Signoret, la Signoret, Simone, Casque d'or, la Veuve Couderc, Madame Rosa, Judith Therpauve, Alice Aisguill, Signoret, la grande dame du cinéma français, le témoin du siècle, Signoret, Simone s'est éteinte, ce matin, dans sa propriété de Normandie. A 7 h 30. Une bonne heure pour commencer la journée. On ne joue pas les naïfs, les surpris. On savait. On le savait, semble-t-il, depuis belle lurette. Car il y a, toujours, un ami d'un ami qui vous a dit, prévenu. La violence est bonne fille. Ça ne fait pas mal tout de suite, un coup en direct. On verra demain pour les bleus, les contusions, les hématomes, les sanglots, les cicatrices. Simone Signoret a disparu. Ça nous regarde. Si on n'a pas droit au deuil, légitimement, du moins peut-on plonger dans la tristesse. Simone n'est plus et, comme c'est curieux, le soleil brille. Que le jour recommence et que le jour finisse. Pourtant il y a quelque chose d'inconnu, de dangereux qui pointe. Une promesse de douleur, peut-être. La vie est là, obstinée, quand on meurt.

J'ai aimé, j'aime beaucoup Simone Signoret. Elle m'a, parfois, manifesté de l'affection. On le sait. Alors, on vient vérifier : « Ça va ? » Pour faire bonne mesure, on fournit quelques détails. C'est un fidèle de la « famille » qui a basculé la nouvelle, le « scoop », au micro d'une radio périphérique, sans s'inquiéter de savoir si Montand, là-bas, dans le Midi, était au courant. Catherine Allégret serait folle de rage. Cette exploitation de la mort, ça n'a pas quelque chose d'obscène ? A propos de mort, à votre avis, est-ce que Simone aurait pu aller jusqu'à... C'était une femme de tête, non ? Pragmatique, courageuse. Et puis elle n'était pas croyante, n'est-ce pas ? Enfin elle était soignée par Léon. Léon, même si et surtout parce qu'on l'admire, on sait ce que ça signifie. D'ailleurs, il paraît que Marina Vlady était à Autheuil, cette nuit-là... Cette fois, la douleur est là, dans la tête, dans les muscles. La souffrance est une bataille. Elle intimide. Dès qu'elle se déclare, elle ne vous lâche plus. Mais bientôt elle guide vos attitudes. On tente bien encore de s'échapper, de sauter d'une chaise à l'autre. Elle ne tarde pas à vous fixer, à vous « loger ». Assis à mon bureau, au deuxième étage de l'immeuble du *Nouvel Observateur*, le visage dans la paume de mes mains, j'entre en souffrance. Enfin. Mais avec une sorte de confusion, de honte. Et en silence. Au nom de quoi pourrais-je exprimer un chagrin ? Tout le monde connaissait Simone. Moi aussi. Comme tout le monde. La bienséance m'impose l'indifférence. Ou plutôt la discrétion. Le deuil a toujours quelque chose d'aristocratique. La cérémonie du deuil en tout cas. Juste derrière la dépouille du défunt — le roi, en somme — voici la famille, les princes. Et puis, au deuxième rang, les favoris et favorites. Au troisième, les amis. Au quatrième, les fournisseurs et les obligés. Et enfin le peuple. Manifester son chagrin est un privilège. Ça peut devenir, si on n'est pas du premier cercle, une faute de tact, de goût. Rien n'est plus exaspérant que les pleureuses qui s'approprient l'affliction des autres. Ma place est avec les badauds. Les larmes aux yeux, soit. Mais à condition de les tamponner sans affectation. Donner l'illusion, par exemple, d'être enrhumé. Simone Signoret, ce lundi 30 septembre, m'a flanqué un fameux rhume des foins.

J'avais fait sa connaissance dix ans plus tôt, non pas au début mais à la fin de l'automne. Elle venait de publier son autobiographie, *La Nostalgie n'est plus ce qu'elle était*, dont le succès, le triomphe même, avait en quelque sorte scellé son histoire d'amour avec les Français et bientôt les Américains, les Anglais, les Italiens (les Russes, pas encore, ils étaient toujours soviétiques et il y avait un contentieux avec le couple de « compagnons » Montand-Signoret), enfin bref, son public. Ou plutôt sa famille. J'aimais tout, dans la *Nostalgie*. Le côté cour : Saint-Germain-des-Prés à la Libération, Prévert, le Manifeste de la paix de Stockholm, le réveillon au Kremlin, l'anticommunisme, Pierre Goldmann et les visites aux ambassades d'Argentine, du Chili, de Pologne, etc. Et le côté jardin : Casque d'or, la Kermesse aux étoiles, Lady Macbeth à l'Old Vic, Hollywood et l'Oscar, et Marilyn, la métamorphose de la garce de *Macadam* en Madame Rosa, la sublime, l'obèse jamais ridicule, mi-sainte mi-pute. Le phénix Simone renaissant toujours des paillettes de Signoret. Et j'aimais par-dessus tout le mélange des deux, *Cinémonde* mixé avec *Les Temps modernes*.

Ce que je préférais encore, c'était la construction même du livre, cette longue conversation avec Maurice Pons autour d'un magnétophone. Ce bavardage qui glisse insensiblement vers l'écrit, vers l'œuvre littéraire. Elle commence à la page 159, l'œuvre littéraire, juste après la question de Maurice Pons, la dernière : « Et vous, est-ce qu'ils vous connaissaient ? » « Ils », ce sont les Russes qui accueillent les Montand-Signoret à leur descente d'avion, à Moscou, lors du fameux voyage en Union soviétique, en 1956, juste après les événements de Hongrie. Simone répond à Maurice : « Ils ne m'avaient vue que dans *Ombres et lumières* [un film obscur d'Henri Calef] en train de me débattre avec mes traumatismes grâce au concerto de Tchaïkovski. Non j'étais connue pour être la femme de Montand. » Et puis Signoret prend la plume et ne la lâche plus jusqu'à la page 378. La magie du texte, alors, c'est le style Signoret, la voix de Simone. Et ça, personne ne pouvait le fabriquer à sa place. D'où l'inanité du procès qu'on lui fit, un peu plus tard, au Salon du livre à Nice, sur la paternité ou plutôt la maternité de son texte.

On se demande d'ailleurs, à la réflexion, comment un tel procès a pu être instruit. La structure du livre parle d'elle-même. Simone Signoret entre dans l'écriture comme on entre dans la danse, au bras du cavalier Pons. Et quand elle se sent sûre d'elle, en équilibre, elle s'envole toute seule dans ses phrases. Alors pourquoi cette agressivité dans la calomnie? C'est vrai qu'on a toujours envie de blesser, d'atteindre, au fond de toucher quelqu'un d'aussi fugitif, magique et fantomatique que Simone Signoret, si contemporaine et pourtant inaccessible. On aime mais on n'est pas assuré de pouvoir aimer et, plus encore, d'être aimé en retour, voire d'être reconnu. Blesser, insulter c'est déjà un contact. En tout cas, ce n'est plus fantasmatique ou imaginaire. Et puis agresser « la » Signoret c'était, au fait, une tradition qui remontait à la guerre froide. A l'époque, on la disait volontaire, sauvage, scandaleuse, barbare, insensible. Cela tenait à ses rôles de garce, bien sûr, (*Macadam*, *Manèges*) mais aussi, mais surtout à ses engagements politiques.

Elle était du côté du froid, de l'Est. Le froid et le fer, comme le rideau en question. Son vrai visage, c'était celui de la « Diabolique », glacée, fermée, sévère, plus tirée au cordeau qu'à quatre épingles, qui claquait des mains pour faire rentrer les élèves en classe et noyait son amant dans la baignoire avec la même détermination insensible. Communiste par vertu, la Signoret, stalinienne. Et ça porte des zibelines, ça, madame ! Et ça expédie sa bonne sur les marchés, le dimanche matin, pour vendre à la criée *L'Huma*. Mais attention, elle surveille sa bonne, la patronne. Et ça joue les putes au grand cœur, les fleurs de fortif, avec une arrogance de grande bourgeoise qui parlerait, exprès, vulgaire. Preuve irréfutable de l'abomination : l'alcool qui dévore sa beauté ! Dans son beau salon de la place Dauphine, Madame épure son prochain au rythme de ses verres de scotch. Ce n'est pas une tricoteuse, non, elle s'adonnerait plutôt à la broderie. Mais c'est du pareil au même. Ne soyez pas candide, ne vous laissez pas prendre à cette voix enfantine avec ce tout petit défaut charmant, une fossette sonore, un cheveu sur la langue. Elle est comédienne, la dame. Les cheveux gris adoucissent son visage, soit, mais regardez les yeux. Les yeux d'un fauve. D'ailleurs, vous oseriez, vous, regarder les yeux de Simone Signoret en face ? Pas plus que le soleil, non ?

C'est dire que Bernard Pivot, lorsqu'il m'invita sur le plateau d'« Apostrophes » pour donner la réplique à Simone Signoret, me plongea dans la perplexité. Dans une grande frayeur, aussi. Cette ogresse allait me dévorer tout cru, en public. La présence d'un troisième participant à l'émission n'arrangeait rien. Il s'agissait de Jean-Pierre Aumont, l'un des Français de Hollywood avec Charles Boyer et Louis Jourdan, après avoir été le jeune premier emblématique du *Lac aux dames* de Marc Allégret, le frère d'Yves — premier époux de Simone. La tribu, quoi ! Il me fallait allumer des contre-feux. Le prétexte de ma présence dans ce générique prestigieux était la publication d'un récit, *Quand j'étais star*, dans lequel j'évoquais mes griseries d'adolescent, quand je me faisais un cinéma (ou un théâtre) imaginaire, rêvant ou plutôt rêvassant de Lauren Bacall, de Line Renaud ou Juliette Gréco, dont à l'époque je restituais plus que je n'imitais la voix tant je me sentais proche d'elles. Par la même occasion, j'avais procédé à une exécution classique de type œdipien en sacrifiant mes parents à ma mythologie, en m'élisant une famille qui venait à la fois du « Boulevard du crime » et de Beverly Hills puisque désormais mon papa n'était autre que Sacha Guitry, et ma maman, la flamboyante Susan Hayward, star de films de série B des années 40-50. La critique avait bien aimé mon texte. On le trouvait rigolo, l'exemple de la joie de vivre d'un enfant qui s'éveille. Pour moi, il était plutôt tristounet et chiffonné. Mais enfin il me valait cette invitation de Bernard Pivot et je n'avais pas à me plaindre.

Si, au contraire, j'avais à me plaindre ! Que faire pour déjouer l'agressivité de Simone Signoret puisqu'elle ne pouvait être qu'agressive ? Lui adresser mon livre avec une belle dédicace personnalisée ? C'était déjà fait. Expédier un second exemplaire en glissant dans la dédicace que le récit s'achevait sur un hommage à Casque d'or ? J'y relatais ma première tentative théâtrale dans un camp de l'armée de l'air, pendant mon service militaire, et au succès de la prestation avait suivi une sorte de lynchage qui m'avait conforté dans l'idée que les gens du spectacle sont différents des simples mortels, plus ou moins haïs, en tout cas rejetés par eux, et que désormais j'appartenais à cet Olympe. Casque d'or était là, devant moi sur l'écran, pour m'en convaincre : « La fatigue de ma soirée ne devait pas me faire négliger la solidarité professionnelle. Serein, j'adressai un clin d'œil à Simone, ma camarade, ma sœur. »

C'était gentil mais présomptueux. D'abord la gentillesse ne semblait pas être la vertu d'élection de la Signoret. Et ensuite ce « ma sœur », de quoi je me mêle ? On ne s'invite pas ainsi chez les gens. Non, je devais plutôt espérer que Mme Signoret ait négligé de jeter un œil sur ce fichu texte. Alors quoi faire ? Attendre une des fameuses grèves de certaines catégories du personnel qui paralysaient volontiers à l'époque les trois chaînes publiques, réduisant le programme à un strict minimum, en général le journal plus un film, en tout cas éliminant d'office les émissions en direct ? Ce n'était qu'un vœu pieux. C'est à ce moment qu'une vilaine idée germa dans ma tête. Vilaine parce que équivoque d'un point de vue déontologique, du moins pour un journaliste pur et dur (que je n'étais donc pas). « Apostrophes », on se le rappelle, passait le vendredi, à 22 heures. A l'époque *Le Nouvel Observateur* paraissait en kiosque le lendemain matin, samedi. Il était urgent que Simone découvre mon article et tous les bienfaits que je lui souhaitais dans ses colonnes avant l'émission.

Le jeudi donc, je fais porter les épreuves chez les Montand-Signoret, place Dauphine, par un coursier digne de confiance. Et j'attends. En vain. Le vendredi, en fin de matinée, Bernard Pivot me téléphone. « J'espère que tu es en forme et que tu vas nous faire rire, me dit-il à peu près. Ce matin, j'étais avec Simone à RTL. Elle était tellement traqueuse qu'elle n'a pas pu sortir un mot. Alors je compte sur toi... » Rien n'est plus fâcheux que de vous faire confiance. Et surtout de vous demander d'être drôle. Je suis perdu ! Je n'ose demander à Bernard Pivot si la Signoret a lu l'article du *Nouvel Obs*. Il ne reste plus qu'une solution : la grève, donc ! Mais le monde syndical, comme la nostalgie, n'est plus ce qu'il était. Ils avalent tout, les damnés de la télé. C'est donc la mort dans l'âme et une vague nausée dans la bouche — pour me donner du courage, j'ai eu l'intrépidité de grignoter une choucroute dans une brasserie, place du Châtelet — que je me présente à l'heure convenue au studio de la deuxième chaîne, rue Cognacq-Jay. Bien qu'il m'accueille avec sa fameuse énergie moqueuse, il me semble, ai-je tort ? que Pivot n'en mène pas large. Jean-Pierre Aumont, lui, est déjà ailleurs grâce à un verre de whisky bien tassé. Et Mme Signoret, à propos ? Elle est assise dans un fauteuil, style mobilier de plateau, au milieu des projecteurs, des fils et des échelles de la technique. Chez elle, quoi! Vêtue d'une somptueuse robe de velours noir, son petit cœur en diamant sous la gorge, elle est imposante. Ses cheveux, blanc argenté, brillent dans la pénombre. Elle me tend une main un peu lasse; un regard de lionne se pose un instant sur ma personne, flamboie et s'éteint aussitôt. Catastrophe! Elle a lu. Et l'article, et la dernière phrase du livre. Elle n'a pas aimé. Tant pis pour toi. Tu l'as voulu, George Dandin. Il ne fallait pas y aller.

L'émission passe trop vite. On s'amuse. Surtout Simone qui, dès les projecteurs allumés, devient la Reine Signoret. Même avec son verre de whisky, Jean-Pierre Aumont ne fait pas le poids. Il est charmant, léger comme un refrain de Jean Sablon. La lionne n'en fera qu'une bouchée. A l'occasion de *L'Appel de Stockholm**, par exemple. Tu ne l'as pas signé, toi, l'Appel, grommelle Simone devant un Jean-Pierre Aumont, confus, un peu hagard. Je suis aux anges. *Cinémonde* et *Les Temps modernes* se donnent de nouveau la main ou plutôt des

---

* Appel des pacifistes contre la bombe atomique qui était, en fait, téléguidé par Moscou pour déstabiliser l'Occident.

coups de patte. Derrière Simone, dans l'ombre où se tient la petite assistante admise à l'enregistrement de l'émission, la jolie Marisa Pavan ouvre des yeux inquiets. Jean-Pierre Aumont prend le parti (sage) d'en rire. Marisa Pavan, la sœur d'Anna Maria Pierangeli devenue par la grâce des Américains qui, en son honneur, ont inventé le prénom « Pier », Pier Angeli, la « fiancée » de James Dean et l'épouse du crooner Vic Damone. Au fait, au moment de l'*Appel de Stockholm*, Jean-Pierre Aumont n'était-il pas le mari de Maria Montez, la plus somptueuse des stars hispaniques, avec Dolores Del Rio et Katy Jurado ? Et voilà qu'on parle du déclin du marxisme et de péril atomique. De temps en temps, quand Pivot me questionne sur la hiérarchie des stars dont le nom orne les trottoirs d'Hollywood Boulevard, Simone me lance un regard complice, peut-être ami. Maria Montez, une star ? Authentique et de première grandeur dans la voie lactée. Et Kirk Douglas ? Aussi. (Il faut être aussi niais que M. Séguéla pour ne pas comprendre que la moindre « star » ou starlette, à Hollywood, est un élément constitutif du système sans lequel le système justement n'existerait pas.) Chaque fois, et pour Maria Montez et pour Kirk Douglas, Simone, solidaire, approuve avec énergie.

Mais elle revient aussitôt à l'idéologie. C'est son obsession et son jouet. Elle ne s'en lassera jamais. Et puis elle est une bavarde. La plus infatigable des bavardes.

Pivot mit la cerise sur le gâteau qu'il m'avait offert ce soir-là et servit à la cantonade ma dernière phrase sur « Simone, ma camarade, ma sœur ». Alors enfin Mme Signoret m'adressa un des plus éblouissants sourires que j'aie reçus de ma vie. Un peu plus tard, les projecteurs éteints, elle était de nouveau dans son fauteuil, dans les décors du plateau. Mais cette fois, ce n'était plus la dame figée dans sa belle robe de velours noir. Oh ! la robe était bien toujours de velours noir mais elle était gaie, gamine même, un verre de scotch à la main. Elle m'invite à m'asseoir à côté d'elle avec cette fraternité gaie, cette familiarité qu'adoptent le plus souvent les acteurs, après le spectacle, communiant dans la même voluptueuse fatigue. J'ose enfin lui poser la question qui m'avait tourmenté toute la journée : a-t-elle lu mon bel article louangeur sur son livre ? Elle a un rire silencieux. Elle boit une gorgée de whisky et me murmure à l'oreille : « Vous qui aimez tant les actrices, vous devriez savoir qu'on ne donne jamais un avantage à son partenaire avant la représentation. »

Huit ans plus tard, Simone Signoret récidivait. Ou encore persistait et signait un livre, un roman cette fois, *Adieu Volodia*. Depuis « Apostrophes », je ne l'avais pas quittée. Enfin disons que je la voyais régulièrement, soit place Dauphine, soit à Autheuil. Parfois à l'occasion d'un de ses films, prétexte à une interview. Prétexte parce qu'en général il n'était guère question du film dans l'interview (ce dont je me désolais) ; on l'évoquait en début d'entretien et puis, hop ! on passait aux choses sérieuses, la marche du monde, la situation internationale, les faits divers, tout ce qui la passionnait, qui meublait sa vie de solitaire. Et puis on se voyait aussi pour le plaisir. Elle cédait à ma curiosité de « fan » — elle aurait plutôt dit, elle, « groupie ». Et racontait volontiers les studios de Boulogne, quai du Point-du-Jour, et ceux de Burbank, à Hollywood. Jean Gabin et Marilyn, Jacques Prévert et Vivien Leigh. Elle cédait, donc, et ça ne lui déplaisait pas. Mais ce qui l'intéressait davantage, c'était la littérature. Ou plutôt sa technique. Comment ne pas rester la plume en l'air, la ruse d'interrompre la page d'écriture juste avant la phrase qu'on a sur le bout de la plume ; celle qui permettra, le lendemain, de reprendre le texte là où on l'avait laissé.

Ecrivain ou comédienne, c'était du pareil au même, elle préparait, travaillait ses personnages, son scénario, son histoire, les mises en place, les mises en mots. Le fait que je sois chroniqueur de romans et, aussi, que j'aie obtenu un prix (le Médicis — « Catherine de Médicis et moi-même vous félicitons », m'avait-elle télégraphié, et comment n'y a-t-on pas pensé ? quelle Catherine de Médicis elle aurait faite !) lui inspirait une sorte de confiance ou du moins de solidarité. Elle venait du cinéma, où elle était reine, et faisait ses premiers pas dans le monde littéraire, où j'étais gâte-sauce. D'une certaine façon, notre rencontre n'était pas fortuite. Enfin son goût d'écrire, qui ne se substituait pas à celui de jouer, non, mais qui prenait de plus en plus d'importance dans sa vie, était contrarié par la cécité fatale qui l'accablait. Elle ne se battait pas seulement contre les mots, elle se débattait dans un crépuscule de plus en plus obscur, la grande marée de la nuit. Elle ne pliait pas pour autant. Elle restait forte, alarmée, l'adversité ne la prenait jamais au dépourvu. Toujours, elle sortait, elle osait faire front. Cette fois, l'ambition d'écrire lui laissait le choix de se retirer à Autheuil. De couper les ponts, brûler les vaisseaux, larguer les amarres. Et de retourner dans son passé. Parce que l'imaginaire, pour elle, ne pouvait surgir que de la mémoire. Même stratégie que pour ses rôles d'ailleurs, quand sa personne devait se métamorphoser en personnage. La méthode était simple mais directe. Elle disait : « On ferme la boutique. » Inutile de venir frapper au rideau de fer. Les déshérités, les victimes de l'injustice ne seraient pas reçus. Enfin pas avant que le travail ne soit achevé. Elle n'était pas devenue indifférente ou absente. Non, elle allait être ailleurs. Et elle n'ignorait pas que rien n'est plus fragile qu'un avatar.

L'ouvrage ficelé, c'était une autre affaire. Elle renaissait à la vie publique, Simone, avec cette santé, cette forme physique des curistes de thalassothérapie qui vous épuisent, dès le premier abord. La machine se remettait en route. Il fallait suivre. Elle ne laissait rien au hasard. Ni personne. D'une susceptibilité tatillonne, l'autre versant de sa conscience professionnelle, impérieuse, elle ne tolérait aucune distraction, aucun à-peu-près. Combien de journalistes légers, ou du moins assez imprévoyants pour oser se présenter devant elle sans avoir achevé la lecture — attentive — de son livre, se sont vu remettre à leur place, c'est-à-dire à la porte. Elle enquêtait, sévère, et la prof glaciale, la prof de pierre des *Diaboliques* surgissait tout à coup devant le cancre plumitif : « Page 247, qu'est-ce qui se passe ? Que devient Untel ? » Le malheureux ou la malheureuse bredouillait qu'il n'avait pas fini, qu'il lui restait quelques dizaines de pages et... « Eh bien, vous n'êtes pas obligé de revenir quand vous les aurez lues », concluait Simone d'une voix douce et meurtrière. Son œil de chat fixait un instant le malheureux impétrant. Et puis redevenait neutre. L'entrevue était terminée, bonsoir.

Du chat, Simone avait le goût des comédies où le jeu le dispute à la cruauté : quelques jours avant la parution en librairie de *Volodia*, elle appelle Jean-Claude Berline, l'attaché de presse à l'époque des éditions Fayard, un jeune homme charmant, malicieux et avisé. Elle ne le connaissait pas encore, ses précédents livres ayant été publiés aux éditions du Seuil. Comme les enfants — et les chats, encore — Simone marquait son territoire par une épreuve de force. Encore faut-il connaître les règles du jeu. Madame Signoret demande à Jean-Claude Berline ce qu'il pense de son roman, *Adieu Volodia*, dont il doit préparer la sortie auprès des gazettes et des télés. Sincère et enthousiaste, Jean-Claude Berline répond à Madame Signoret qu'il aime beaucoup, beaucoup, son roman, *Adieu Volodia*. « Je ne suis pas à la recherche de compliments, rétorque Madame Signoret, je désire simplement, professionnellement savoir où est la faille dans le récit. — Nulle part ! » proteste Jean-Claude Berline. Madame Signoret se fâche : « Enfin dans n'importe quel roman, même dans un chef-d'œuvre, il y a toujours un temps faible, une longueur inutile, une faute de style, de goût, que sais-je ! C'est votre rôle, votre devoir de me le dire. Et mon droit de l'entendre. » Prudent mais acculé à l'imprudence, Jean-Claude Berline ne se jette pas à l'eau, non, mais doit se mouiller : « Dans le dernier chapitre, peut-être, mais ce n'est pas évident et d'ailleurs je suis sûr que je me trompe... — Dans la dernière partie, quoi ? » miaule le chat Signoret. « Je ne sais pas, peut-être un petit relâchement mais minime et d'ailleurs je... » Jean-Claude Berline n'a pas le temps de finir sa phrase, Madame Signoret a raccroché. Et redécroché aussitôt pour demander sa tête à Claude Durand, le directeur de Fayard.

Cette exigence capricieuse correspondait à une situation rude. Elle attaquait, en somme, pour se défendre, Simone. On avait mis en doute l'authenticité de son travail au moment de la *Nostalgie*. Avec *Volodia*, on allait recommencer avec d'autres arguments. Cette fois elle ne serait plus incapable mais elle serait dans l'incapacité d'écrire. Et pour cause, la malheureuse, elle était aveugle. Bon, il y a bien ce singe qui, tapant au hasard sur le clavier d'une machine à écrire, réinvente le *Discours de la méthode*. Les livres de Simone Signoret relevaient-ils du hasard? Mais le hasard ne sonne pas toujours deux fois. On se perdait en conjectures. Le véritable ressort de son inspiration, lui, on le connaissait. Il était dérisoire. Avec ses films et ses feuilletons, n'obtenait-elle pas la publicité souhaitée? Et quitte à signer quelque chose, ajoutaient des voix plus perfides, il était moins long, moins fastidieux et tout aussi gratifiant de continuer à pétitionner pour les Polonais, les Argentins ou les assassins de pharmaciennes avec Montand, Foucault, Sartre, Beauvoir, Duras et compagnie.

La publicité, c'est vrai, Simone ne la boudait pas. Et l'aurait-elle boudée qu'elle n'aurait fait que l'attiser. La publication de *Volodia*, comme celle de ses précédents livres, était un événement. Journaux et magazines lui consacraient des pages et des pages. Mais moins à propos de son œuvre que de sa vie, sa légende, son œuvre d'art. A la limite, elle regrettait de ne pas avoir, en hommage sauvage, un éreintement féroce. « Tenez, même, je ne détesterais pas me faire laver la tête par le petit Corse », m'avait-elle avoué, pas trop sincère néanmoins (mais elle ne risquait rien, le savait du reste, je lui avais présenté Angelo Rinaldi et elle l'avait aussitôt séduit). Il lui arrivait même de rêver du destin ingrat des écrivains maudits. Mais pas longtemps. D'abord Simone la star reprenait vite le dessus. Avec son ingéniosité, sa malice.

Adieu Volodia était sorti à temps pour être présenté au Salon du livre qui se tenait au Grand Palais. Elle devait y faire une apparition forcément spectaculaire. Le jour de sa « signature », un dimanche, elle m'appelle le matin : « Vous allez au Salon ? — Oui. — Ce qui serait bien, tenez, ce serait de déjeuner avant cette intéressante manifestation. (Simone ne résistait jamais à mettre un adjectif devant un mot pour le rendre pompeux et donc dérisoire, par pudeur sans doute.) Pourquoi pas au Tong-Yen ? (le restaurant chinois du show-biz situé de l'autre côté du rond-point des Champs-Elysées). Vous pourriez dire à Hector (Bianciotti) de venir. Et puis, tenez, si le petit Corse se joignait à nous, ce serait bien. » Hector et le petit Corse Angelo nous rejoignent donc au Tong-Yen. On rit beaucoup, on dit un peu de mal de son prochain, le temps passe vite. Aux litchies, un émissaire des éditions Fayard se présente à notre table. C'est l'heure de la « signature ». Une voiture attend Madame Signoret pour la conduire au Salon. Impériale, Madame Signoret chasse l'émissaire et la voiture. Le Salon est tout à côté, elle préfère s'y rendre à pied avec ses amis. Nous nous dirigeons d'un bon pas vers le Grand Palais où Simone fait une entrée remarquée flanquée d'Angelo Rinaldi et d'Hector Bianciotti, ou plutôt de deux des plus brillants écrivains du moment dont le premier est en outre le critique le plus redouté de la presse littéraire française. On n'est pas à la Kermesse aux étoiles ni au Festival de Cannes mais au Salon du livre, à Paris. Simone, ou plutôt « la » Signoret, fait une entrée de star. Sur mesure.

Bien sûr, elle n'était pas à l'abri des mésaventures. Toujours à propos d'*Adieu Volodia*, au *Nouvel Observateur*, on lui avait réservé une bonne demi-douzaine de pages — mais une fois de plus davantage consacrées à sa carrière qu'à son livre. On avait même évoqué de lui consacrer la couverture. Consécration toujours flatteuse pour un acteur ou une actrice. A la sortie du numéro, j'étais à la Martinique en vacances. Le soir de mon retour, avant de reprendre l'avion, je trouve l'*Observateur* tout frais à l'aéroport de Fort-de-France. Avec, à la une, la photo de Simone enfant (on ne pouvait que la reconnaître à l'arrondi de sa joue, à sa grâce, à ses yeux). Mais à l'arrivée à Paris, patatras ! La couverture de l'édition nationale, hexagonale, titre sur Renault en grève. Mal à l'aise, j'appelle place Dauphine. Vais-je tomber sur Simone ou Signoret ? Je ne suis ni responsable ni coupable mais je me sens les deux. C'est Simone qui répond. Elle n'est pas de mauvaise humeur, elle ne se montre même pas caustique. Comme elle n'a pas pour habitude de déguiser ses sentiments, je me sens rassuré. Alors elle me raconte. On lui a fait parvenir l'édition internationale. La photo d'enfant l'a intriguée mais plutôt amusée. Et puis Montand est arrivé en brandissant l'édition nationale. « Ce n'est pas toi sur la couverture ! » s'est-il indigné. Elle a haussé les épaules sans cesser son crochet. « Et par qui m'ont-ils remplacée ? » demande-t-elle, faussement indifférente. « Par Renault », répond Montand, pincé. « Place aux jeunes », conclut Simone, philosophe, pensant au chanteur Renaud avec un *d*. « Pas le chanteur, proteste Montand, la Régie ! » Là, tout de même, j'étais un peu vexée, conclut Simone...

Adieu Volodia obtint le succès que l'on sait. Ce qui laissa Simone insatisfaite. On la vit beaucoup à la télévision — notamment dans les deux émissions littéraires de l'époque : « Apostrophes », de nouveau bien sûr (où elle eut un dialogue exquis avec Patrick Modiano, plus bégayant et charmant que jamais, à la recherche de la nuance d'une couleur — et, elle, Simone, maternelle et pour cause, n'allait-elle pas jadis en compagnie de sa « copine » Louisa Colpeyn, la maman du petit Patrick, chercher Catherine, inscrite dans la même maternelle ? Simone, tout à fait à l'aise alors qu'elle devait mourir de peur : « Vous comprenez, dans *La Veuve Couderc*, par exemple, c'est *elle*; ce soir, chez Pivot, ce sera *moi* »).

Et « Boîte aux lettres », que Jerôme Garcin m'avait demandé de présenter en sa compagnie et qui avait exigé de multiples visites, à Paris et à Autheuil, rencontres préparatoires — c'est qu'elle ne laissait rien au hasard, Simone

L'émission, son enregistrement du moins, fut mélancolique et gaie. Gaie parce que, petit écran ou grand, on se retrouvait dans un studio et que la lionne avait aussitôt flairé la piste aux étoiles, avait retrouvé son ambiance, son atmosphère. Et d'emblée, elle s'était mise à jouer à la comédienne, à la star, affectueuse mais bougonne, bousculant les deux « figurants » que nous étions soudain, là, dans sa loge, nous un peu raides, intimidés derrière elle et elle, bien droite sur son fauteuil, devant le miroir qui nous reflétait tous les trois et qu'elle ne pouvait voir qu'à peine, se livrant à ce rite du maquillage où les pinceaux de la maquilleuse aiguisent, certes, le teint de la personne mais dessinent, inventent sur son visage un nouveau personnage — et je ne savais pas encore que, pour un acteur, être maquillé c'était déjà être costumé.

Mélancolique parce que Jerôme, non sans délicatesse, lui avait proposé de visionner le document d'archives qu'elle aurait dû découvrir au fil de l'émission. Mais, elle souffrait déjà d'une telle cécité que l'identification des photos ne serait pas facile sinon impossible. Alors on l'avait installée en régie, sur une chaise à roulettes, devant un écran de contrôle. Et les images défilaient, les êtres de sa vie, Gérard Philipe, Prévert, Raymond Queneau, Carné,

Pierre Mondy, Suzanne Flon. Elle souriait, la larme à l'œil, psalmodiant d'une voix sourde les prénoms et les surnoms. Et puis soudain ce fut elle, sur l'écran, avec Montand. A une fête de *L'Huma*. Aimantée par la photo, elle avait approché, à la force des reins, sa chaise jusqu'à ce que sa bouche effleure l'écran. Et sur l'écran Montand, à cet instant même, posait ses lèvres sur celles de sa femme. Double baiser improbable dont nous étions, par hasard, les témoins fugitifs. Jerôme Garcin est un grand homme de télévision, ça doit être pour cela qu'on ne lui a plus confié d'émissions littéraires.

Adieu Volodia se vendait. Les critiques étaient bonnes, parfois condescendantes, mais en général positives. En tout cas on ne mettait pas en doute, cette fois, l'authenticité de son travail. Il y avait bien quelques pointes d'aiguille qu'elle prenait pour des coups de poignard. Elle avait adressé, avant l'impression, le manuscrit de son roman à Claude Roy en qui elle avait une confiance totale et pour le talent duquel son admiration ne faiblirait jamais. Il avait tardé à lui répondre. Impatiente, elle avait appelé chez lui, était tombée sur son épouse, Loleh Bellon, comme elle comédienne et écrivain (de théâtre). Loleh, avait-elle estimé, s'était montrée distraite, évasive, embarrassée. Claude l'avait-il lu ? Elle ne savait pas, peut-être, en tout cas il ne lui en avait pas parlé. Mais toi, tu l'as regardé ? s'était enquise Simone. Avec réticence, Loleh aurait acquiescé. Et qu'est-ce que tu en penses ? Après un temps, Loleh aurait dit quelque chose comme : c'est bien mais, tu sais, les gens ne sont pas tout d'une pièce, ils sont plus nuancés. « Qu'est-ce qu'elle veut signifier ? avait fulminé Simone. Que je suis idiote ? » Pour la rassurer, ou l'apaiser, j'avais eu recours à sa filmographie : écoutez, n'oubliez pas que vous lui avez déjà pris Manda (dans le film de Jacques Becker le fiancé [Serge Reggiani] de Loleh tombe amoureux de Casque d'Or). Joyeuse, un tantinet cruelle, elle avait acquiescé : « Vous avez raison. »

Au Salon du livre (encore, toujours), alors que nous gravissions les solennelles marches du stand de Gallimard, Françoise Sagan s'était précipitée, joyeuse, amicale, voire enthousiaste : « Tu sais, j'ai reçu mon exemplaire la semaine dernière ! » s'était-elle exclamée. « Eh bien, tant mieux », avait grommelé Simone. Et dès que Sagan s'était éloignée : « Elle dit qu'elle l'a reçu mais elle ne dit pas si elle l'a lu. » Il y eut plus féroce. Pierre Desproges d'habitude si funambule dans son insolence, si désespéré dans son sourire, fit du rase-mottes en s'étonnant de la savoir encore en vie — ce qui n'était pas du tout charmant étant donné l'état de santé de Simone. Montand fit une grosse colère mais on s'arrêta là. *Charlie-Hebdo* y alla d'une caricature ignoble. Le journal de Cavanna se moquait avec gourmandise des misères physiques de Simone. Au moment où Cavanna, inconsolable, se désespérait en public d'une tragédie familiale. Sous le papier, la jungle. Même le malheur ne freine rien. On mord. Par un sursaut de vie. Ça doit être ça, hélas, la vitalité.

Mais l'insatisfaction de Simone ne venait pas de ces morsures. Elle souffrait — sans l'avouer, du moins à voix basse — de ne pas être admise, de ne pas être de la famille. De la famille littéraire, s'entend. Au fait la « famille » littéraire existe-t-elle ? Oui et non. En tout cas, elle n'a pas grand-chose à voir avec le talent. Et supporte mal le succès, la notoriété d'un nouveau membre inattendu qui présente son premier roman. Une grande actrice, qui a passé deux ans devant sa machine à écrire mais qui, et pour cause, reste dans l'imagerie populaire une « vedette », ne pèse pas lourd, dans le petit monde des écrivains, pas plus lourd en tout cas que l'auteur d'une dizaine d'ouvrages qui n'a pourtant pas su toucher ou plutôt trouver un public. Comme si le royaume des mots lui était interdit, à la dame. Elle n'est qu'une visiteuse, on la tolère à peine. Et si, d'aventure, elle fait montre d'un certain génie, on la soupçonne, on l'a vu, de ne pas avoir été seule devant la page blanche. En somme, entre deux arts comme entre deux maux, il faut choisir. Et donc sacrifier. Simone, au dernier tournant de sa vie, aurait-elle tourné le dos à la comédienne Signoret? A son destin, en somme? Rien ne permet de le croire. Et d'ailleurs, malgré sa cécité, n'avait-elle pas repris du service dans le *Music-Hall* de Marcel Bluwal? Aurait-elle enchaîné avec un nouveau livre? Qui sait? Aurait-elle été enfin « admise » par la terrible famille?

En tout cas, là, sur le plateau de *Music-Hall* installé dans un théâtre désaffecté du nord de Paris, elle était redevenue reine en dépit de la solitude inquiète, sur le qui-vive, des aveugles. Au son de ma voix, elle avait bronché d'une manière imperceptible pour que tout se remette en place, les yeux couleur de mer, le sourire, la bouche enfantine et cette manière de se tenir droite. La légende Signoret.

A Paris, elle me conviait vers treize heures, place Dauphine. Je m'accordais quinze minutes de retard. Pour elle. Il ne fallait pas lui gâcher le Journal télévisé. Sa grand-messe. Bob Castella ouvrait la porte, l'index sur les lèvres pour imposer le silence, et vous introduisait dans le sous-sol douillet où, derrière le canapé, on pouvait apercevoir les jambes des messieurs-dames qui passaient sur le quai des Orfèvres. Elle agitait la main sans cesser de fixer l'écran du poste de télé, le nez chaussé de lunettes de plus en plus opaques. Etait-elle impassible quand elle suivait, solitaire, les informations ? Puisque nous étions là, en tout cas, elle réagissait aux images — elle les commenterait plus tard — par des exclamations goguenardes. J'approuvais par quelques remarques choisies, neutres du moins. Même si on devinait sans difficulté la cause qui la touchait, il n'aurait pas été convenable de l'induire. Ne serait-ce que par politesse. Son plaisir était de convaincre autant que d'informer. Nous nous devions donc d'être d'emblée indécis. Elle avait à cœur de nous enseigner la marche du monde. Surtout de dévoiler ses ressorts, ses chausse-trapes, ses pièges.

Parfois, il arrivait que ce soit elle qui fût sur l'écran. Alors, elle riait, de bon cœur. Elle se moquait de la jeune femme péremptoire qu'elle avait été et qui resurgissait inopinément, en usant de la troisième personne du singulier : « Hé bé ! Elle ne doute pas d'elle, celle-là. Vous avez entendu ? Ça, c'est envoyé, madame ! » D'une certaine façon, elle se regardait comme sa propre fille, sa créature du moins, avec un mélange d'indulgence et de sévérité. Peut-être de regret aussi. Parce qu'elle était si belle, la jeune femme péremptoire qu'elle n'était plus et qui, malgré tout, sommeillait sans doute encore en elle. Il lui arrivait pourtant de me demander mon avis bien que je lui eusse assuré une fois pour toutes : « Ecoutez, je suis d'accord avec tout ce que vous dites, ce que vous pensez, on ne pourrait pas se disputer ni même discuter. » Et si elle insistait, il fallait louvoyer. Ne pas approuver d'emblée, elle se serait méfiée d'une adhésion aussi immédiate. Non, tester jusqu'où la résistance à ses opinions pouvait être stimulante pour l'organisation de son propos. Et si l'on avait fait un pas de trop, ce qu'on ne pouvait ignorer tant son visage se fermait, ses yeux étincelaient, des émeraudes incrustées dans une pierre lisse, il fallait manœuvrer encore, ne pas battre en retraite d'une façon précipitée mais adopter une passivité neutre, une sorte d'absence qui l'intriguait et donc l'amenait à composer. Alors, il était possible de retourner vers elle. Et elle nous accueillait avec mansuétude, jetait un voile sur nos errances et nos incongruités, reconnaissante d'une manière plus ou moins inconsciente qu'on lui ait permis de faire preuve de sa pertinence, de son ingéniosité, de sa sagesse et de son pardon. Nous étions absous. Elle ne se flattait pas de sa magnanimité. C'était dans l'ordre des choses.

Ce qui me fascinait en elle, et elle le savait, c'était l'actrice. Mais ses souvenirs d'actrice, je devais les gagner, les mériter. Passages obligés : la politique et les faits divers qui le plus souvent en découlaient. On commençait par

Mitterrand (qu'elle aimait bien) ou Jack Lang (qu'elle n'aimait guère — ne serait-ce que parce qu'il lui avait proposé la Légion d'honneur ou plutôt, ce qui est infiniment plus grave, lui avait conseillé de solliciter cette décoration dont le prestige symbolique l'agaçait, réveillait sa fibre anarchiste : « Et vous vous imaginez ce que Jacques [Prévert] dirait, là-haut, s'il voyait le petit ruban rouge au revers de mon imper ? ») ; on passait selon l'actualité du moment par les ambassades d'Argentine ou de la Pologne ; et on s'attardait enfin sur Roger Knobelspiess et Chapour Bakhtiar ou plutôt sur la voisine de palier de celui-ci, victime par erreur des tueurs islamistes ; ou sur les méfaits de celui-là, Knobelspiess, qui ne s'était pas montré digne de la campagne de soutien qu'elle avait menée en sa faveur avec Foucault, Claude Mauriac et quelques autres.

Enfin, au moment de la sacro-sainte (mais pas pour elle) météo télévisée, elle éteignait le poste. L'air du temps était dans sa tête, dans son cœur, pas dans le ciel. D'ailleurs, elle se drapait dans un châle, saisissait un paquet de cigarettes et un briquet jetable, lançait une plaisanterie à Bob Castella et m'entraînait vers la place Dauphine. Parfois, un coup de fil retardait notre sortie. Toute intervention du téléphone, dans son univers, était impérieuse. On ne pouvait pas la différer. En général, il s'agissait de l'appel d'un journaliste ou d'un quémandeur. Alors elle s'enfermait dans une discussion mystérieuse rythmée par des réactions d'impatience bourrue, de curiosité inquisitoire. Elle s'enflammait. La plupart du temps, tout paraissait compliqué, inextricable. Il arrivait, à ses exclamations, qu'on devinât l'interlocuteur. Une fois, par exemple, c'était Montand. Il appelait de Bordeaux, où il passait son tour de chant. Par discrétion, je m'étais retiré au fond de la pièce, du côté de la cheminée où elle — ils — avait exposé leurs photos et leurs souvenirs, eux-mêmes d'abord, bien sûr, un couple de beaux jeunes gens en vacances qui auraient pu être des campeurs des années 50, mais aussi des clichés de Catherine, d'un bébé qui devait être son petit-fils Benjamin, d'Henri Crolla, de fidèles amis plus ou moins célèbres et, entre autres, d'un illustre inconnu, Pierre Overney, le « mao » assassiné.

A l'écart, donc, je n'en étais pas moins le témoin bien involontaire d'un drame. Elle suppliait, tempêtait, rageuse, au bord des larmes, persuasive en tout cas. Et bouleversée. A la fin, après dix minutes d'éclats de voix, elle m'avait rejoint, soucieuse. « Vous l'avez compris, c'était Montand. Nous sommes dans une situation impossible. Je ne sais pas comment il va s'en tirer.

— Que se passe-t-il ? questionnai-je d'un ton neutre.

— Il chante ce soir à Bordeaux et Chaban veut monter sur scène pour le saluer. »

J'observai un silence perplexe. A droite comme à gauche d'ailleurs, Chaban faisait plutôt figure d'esprit libre, voire progressiste, peut-être à cause de sa « Nouvelle Société » qui lui avait été fatale auprès de Pompidou et des durs du gaullisme. Mon silence lui parut éloquent. « C'est une catastrophe, reprit-elle. Il y a des élections bientôt. Chaban sur scène à côté de Montand ! Vous imaginez ? Non, ce n'est pas possible ! Il faut que je rappelle tout de suite mon "mari" » — parce que star-système ou non, elle n'oubliait jamais qu'elle était d'abord l'épouse Livi. Pour elle, le téléphone, c'était aussi « la Voix humaine ». Toutes les passions à portée de sa bouche aux lèvres gonflées, enfantines, et de ses oreilles comme des radars. Cocteau a-t-il pu rêver plus belle interprète ?

Enfin nous nous retrouvions attablés dans un petit restaurant de la place Dauphine, le

Caveau. Une table devant la baie, nous étions comme en vitrine. Parfois, des passants la reconnaissaient, se retournaient tout en marchant, voire s'arrêtaient pour la dévisager avec cette indiscrétion incrédule qui est la preuve même de la célébrité. Ça ne la troublait ni ne la dérangeait. Son public, c'était son monde, elle lui appartenait. En revanche, elle avait en horreur les vagabonds et les marginaux. Une sorte de peur même — elle qui pourtant ne craignait ni Dieu ni diable. Peut-être parce qu'ils étaient les cousins dévoyés de la famille du spectacle. Elle avait le sens de la hiérarchie. Bien qu'elle s'en défendît, elle était, elle le savait, une « star ». Donc une reine (d'ailleurs, à sa mort, Marguerite Duras évoquerait la « Reine Signoret »).

Si les reines admettent une certaine familiarité de la part de leurs sujets, elles ne folâtrent pas avec les bouffons qui n'appartiennent pas à leur cour. Et puis elle se méfiait. Sa générosité, ses multiples interventions la rendaient vulnérable aux escrocs et aux déséquilibrés. Aussi, quand elle pénétrait dans un lieu public, elle inspectait, elle inventoriait sa population. Elle restait sur ses gardes. Méfiance qui pouvait engendrer des fantasmes, une certaine paranoïa. Parfois, avisant deux hommes coiffés de feutre au comptoir du Caveau, elle me murmurait : « Ne vous retournez pas mais, les deux bonshommes, là-bas, je sais très bien qui c'est. Des agents du KGB. Ils viennent tous les jours pour nous surveiller, Montand et moi. Est-ce que vous pouvez les entendre ? Ils parlent russe ? Non ? Remarquez, ça ne serait pas très futé, à Paris, pour des agents du KGB de parler russe... »

Ne touchant plus au vin, elle insistait néanmoins pour que je commande un « kir » qu'elle me regardait boire avec une indulgence un tantinet ironique. Les anciens alcooliques ne passent pas un verre de trop à leur prochain. Elle, elle se contentait de bière sans alcool. Et puis on attaquait d'une bonne fourchette l'assiette de saucissons. Cette fois on parlait de tout et de rien, de l'air du temps et du temps qui passe, mais elle restait en éveil, redoutant de voir un importun écraser son visage sur la vitre — il y en avait toujours quelques-uns dans le voisinage —, espérant surprendre le regard de Montand en route pour la maison d'à côté, Montand qui couchait sa joue droite sur ses mains jointes pour lui signifier qu'il allait faire une petite sieste.

J'essayais de l'entraîner vers son passé. Mais c'était un exercice difficile. Elle n'aimait guère parler de son enfance ou de la demoiselle de Neuilly. Elle ne la reniait pas, simplement, ça ne l'intéressait pas. Et puis elle avait déjà tout dit dans la *Nostalgie*. Si on était curieux, on n'avait qu'à relire. Mais dans la *Nostalgie*, par exemple, elle ne parlait guère d'une petite camarade de classe au cours secondaire du lycée Pasteur, dont le destin me fascinait. Non, pas Nicole Millinaire, la future duchesse de Bedford, mais Rosita dite Zizi, la future Corinne Luchaire, éphémère et désastreuse vedette du cinéma d'avant-guerre. Et dont le terrible destin me touchait d'autant plus que mon père, professeur détaché pendant un certain temps dans un ministère, avait côtoyé un membre de sa famille.

Simone n'aimait guère parler de Corinne. Peut-être le simple fait de la citer risquait-il de réveiller une période délicate de sa vie; pendant l'Occupation, elle était devenue la secrétaire de Jean Luchaire, le papa de Corinne, directeur du journal ultra-collabo *Les Nouveaux Temps*. Elle admettait qu'à Jean Luchaire, tout criminel qu'il fût et qui avait d'ailleurs payé de sa vie ses errements pronazis, elle devait une fière chandelle. Et que celui-ci n'avait pas manqué d'audace en engageant la petite Kaminker, fille d'un transfuge juif qui parlait à la radio de Londres. En le quittant pour passer la Seine, comme elle disait, et trouver son destin sur la Rive gauche, du côté du café de Flore, elle l'avait assuré qu'il serait fusillé. Il l'avait été. C'était tout à son honneur de ne pas cacher sa tristesse, elle, l'ancienne compagne de route des staliniens pur sucre. Pas plus qu'elle ne taisait sa reconnaissance pour ce monsieur charmant et beau qui s'était trompé de chemin.

Mais Corinne? Eh bien, Corinne, elle l'avait rencontrée après la guerre, sur la Côte d'Azur, où elle traînait une tuberculose intestinale qui devait l'emporter quelques semaines plus tard.

Elle, Simone, n'était plus depuis longtemps Kaminker mais Signoret. Deux films, *Manèges* et *Dédée d'Anvers*, l'avaient consacrée comme la nouvelle vamp du cinéma français. Corinne, elle, n'était plus Luchaire, patronyme maudit, ni même Rosita ou Zizi. Elle n'était plus personne. Un fantôme rêveur sur un banc, devant la mer. D'ailleurs ce n'est pas Simone qui avait reconnu Corinne, femme sans âge et usée, chauffant son agonie au soleil du Midi. Mais Corinne, qui avait identifié dans la belle et insolente créature à la grâce, à la force de fauve, comme sa condisciple de jadis. Je pensais à cette nouvelle de Maupassant, « Le Collier », où une femme qui a usé toute sa vie — et sa beauté — à rembourser le bijou prêté à l'occasion d'un bal par une amie richissime rencontre par hasard dans un square celle-ci qui ne la reconnaît pas tant le malheur l'a vieillie. Et, ironie suprême, le collier prêté était faux, bien entendu.

Dans son malheur, Corinne aurait-elle pu être une héroïne de Maupassant ? Simone faisait la moue. Un vieux réflexe de jalousie peut-être. A un certain degré, le malheur est une brûlure mortelle certes, mais poétique sinon héroïque. Après tout, au cours secondaire du lycée Louis-Pasteur de Neuilly, quand Rosita dite Zizi avait annoncé à ses petites camarades qu'elle allait faire du cinéma, les petites camarades avaient haussé les épaules avant de retourner jouer à la marelle ou sauter à la corde. Et puis quand un ou deux ans plus tard de la chrysalide de Rosita dite Zizi avait surgi Corinne Luchaire, la révélation de *Prisons sans barreaux* de Léonide Moguy, les petites camarades devenues de grandes anciennes, à l'occasion d'une fête donnée au lycée Louis-Pasteur, l'avaient vue débarquer parmi elles, vêtue d'une robe décolletée de Coco Chanel ou de Jacques Fath « de velours bleu nuit à très minces bretelles de satin sous une cape de renard blanc. Elle m'embrassa, elle jeta un coup d'œil sur ma robe qui était de mousseline blanche [...] elle me dit : « Qu'elle est jolie. Qui te l'a faite ? — C'est maman. — Tu en as de la chance. Moi je suis obligée d'aller chez les grands couturiers. »

On devient impardonnable, inexpiable pour moins que ça. En fait, Corinne, en dépit de son triste sort, ne pouvait qu'exaspérer Simone. Celle-ci avait bâti sa carrière et sa vie avec une conscience professionnelle aussi rigoureuse que sa conscience morale. Simone avait travaillé, appris et ne cessait d'apprendre. Corinne s'était laissé porter par la vague jusqu'à l'abîme. Son destin tragique, même s'il paraissait oiseux de s'appesantir dessus, ne pouvait que passionner Simone. C'est que Corinne, au fond, était moins une personne qu'un personnage. Et le monde qu'elle avait traversé, avec ses drames, ses cruautés mais aussi ses plaisirs, évoquait la trame d'une tragédie cinématographique. Le scénario d'un film qu'aurait pu tourner Luchino Visconti après la guerre et dont Simone, avec sa voix au bord des larmes et l'étincelle incandescente de ses prunelles, aurait pu être l'héroïne. Mais aussi pourquoi pas Corinne elle-même ? Jamais les horreurs du siècle et les fantasmagories du spectacle n'avaient été aussi mêlées. D'une façon inextricable et fatale.

Retour en arrière : Rosita dite Zizi annonce donc à ses petites camarades qu'elle va faire ses débuts à l'écran. Ricanements méprisants ou/et vexés des petites camarades qui retournent à leur marelle. Corinne est d'une famille très lancée. Son papa, Jean, est très jeune. Comme sa maman, Françoise. Quand Corinne naît, Papa a dix-sept ans et maman seize. On est pauvre mais fastueux. Exemple : « C'est moi qui vous invite, décrète Papa. — Mais vous n'avez pas d'argent. — Justement. Du champagne ! » Papa est rédacteur en chef au *Petit Parisien.* Sa secrétaire, Suzanne, c'est comme une marraine, une tante à la mode de Bretagne. Elle est fiancée à un Allemand distingué, qui a offert à Zizi son premier polichinelle. Il s'appelle, le fiancé, Otto, Otto Abetz. Pierre Laval, lui, s'est fendu d'un train électrique. A la maison on reçoit aussi Malaparte et Pierre Brossolette qui, plus tard, feront des choix (politiques) tout à fait différents...

A quelques kilomètres de là, dans la banlieue Ouest, Mme Kaminker reçoit des Allemands exilés dont le signe particulier commun est leur appartenance à la communauté juive. Mais ce n'est pas l'affaire de Zizi, qui aspire de plus en plus à devenir Corinne, et qui rêve, bien sûr, à l'instar de Simone et des autres petites camarades, de Mademoiselle Mozart et de Marie Vetsera, on veut dire des avatars exquis d'une jeune fille irrésistible, devenue la coqueluche du cinéma français, Danielle Darrieux. Corinne, au fait, a tout pour rivaliser avec D.D. Entre autres, un jeune metteur en scène en vogue du nom de Marc Allégret. Le neveu d'André Gide et, surtout, le frère aîné d'Yves, metteur en scène, lui aussi, à qui Simone devra son premier amour conjugal. Et sa fille Catherine. Et sa carrière.

Rosita dite Zizi ne devra rien, elle, à Marc. S'il l'engage pour *Les Beaux Jours*, son onzième film, pour une seule scène, celle-ci sera coupée au montage. A la demande de la vedette du film, Simone Simon. Prétexte invoqué par cette impérieuse dame : la débutante, Miss Luchaire, était trop laide... Mais c'était sans compter avec la famille Luchaire. Le grand-père, Julien, professeur et auteur dramatique, s'émeut du chagrin de sa petite-fille et lui écrit sur mesure un personnage dans une pièce, *Altitude 3200*, dont la distribution ne compte que de jeunes comédiens. Succès. D'un succès, l'autre. Léonide Moguy, réalisateur en vogue, appelle Rosita-Zizi devenue enfin Corinne pour le premier rôle de *Prisons sans barreaux* où elle va obtenir célébrité, consécration et une gifle de la femme fatale en vogue, Ginette Leclerc. Ginette qui subira, mais d'une façon moins tragique, les mêmes avanies que Corinne à la Libération.

A cette époque Simone fait ses gammes sur sa machine à écrire ou garde des enfants britanniques du côté de Londres. Londres où on parle de tourner une version anglaise de *Prisons sans barreaux* et où Mary Pickford débarquée de Hollywood déclare à propos de Corinne : « *She is a Garbo number two.* » Et puis tout s'emballe, l'Histoire devient folle. Corinne ne se rend compte de rien. Entre deux ou trois films sans intérêt, elle papillonne au bras du comte Ciano, gendre de Mussolini, et de Weidman, préfiguration des « serial killers » d'aujourd'hui, dernier condamné à mort exécuté en public à Versailles, s'habille chez Marcel Rochas, croit que la drôle de guerre est drôle, que d'ailleurs ce n'est pas vraiment une guerre et sable le champagne avec de jeunes officiers allemands le jour de l'armistice qu'elle prend pour la paix à l'hôtel Normandy à Deauville où Cécile Sorel s'entraîne à descendre une dernière fois les marches du perron.

A Paris, Simone, la nouvelle dactylographe de Jean Luchaire, prend la place de « Tante » Suzanne Abetz, devenue ambassadrice du Reich à Paris. Tante Suzanne qui occupe — c'est le cas de le dire — la plus belle loge de l'Opéra où elle invite volontiers la petite Zizi, devenue la femme à la mode, à écouter Mozart dirigé par Herbert von Karajan. Après avoir hésité entre les yeux bleu acier de Ribbentrop et le regard de velours d'Ali Khan, Corinne s'est laissé en définitive séduire par un soldat de la Wehrmacht, un aviateur autrichien, jaloux de Charles Trenet — son flirt improbable à qui elle restera néanmoins fidèle et qu'elle protégera quand on le suspectera d'être juif. Et puis vient le mauvais temps, les jours difficiles.

Simone Kaminker est déjà passée sur la Rive gauche où l'attendent les deux Prévert (Jacques et Pierre), les deux Marcel (Duhamel et Carné), les deux Daniel[le] (Gélin et Delorme). Et Yves Allégret. Quand les Alliés débarquent, Corinne, la mort dans l'âme, suit le conseil de « Tante » Suzanne, quitte le Shéhérazade, ses folles soirées et ses beaux officiers allemands pour le château de Sigmaringen où se sont réfugiés les amis de la famille, Laval, Doriot, de Brinon et compagnie. Là, le soir, il faut garder le silence pour ne pas déranger le Maréchal qui se repose à l'étage au-dessus. Seule distraction : au hasard d'une sortie, on peut tomber sur Louis-Ferdinand Céline, son épouse Lucette, leur chat Bébert et l'éructant Le Vigan en quête d'apocalypse. Le cinéma est loin. Le cinéma où a débuté Simone dans *Les Visiteurs du soir* et dans *Les Enfants du paradis* dont la vedette, d'ailleurs, était la « star » de la Collaboration, Mlle Arletty. (Je demandai à Simone : « Comment la trouviez-vous, Arletty ? » Simone : « Je ne la trouvais pas. Et même je la fuyais. Parce qu'elle voulait me sauter dessus. — Mais encore, comment était-elle? — Emouvante. Elle s'était maquée avec un voyou de l'armée allemande qui lui piquait tous ses sous et qui la battait. » On connaît — entre autres — le mot prêté à Mlle Arletty, lesbienne sans peur et sans reproche, au comité d'épuration chargé de l'entendre en prison entre deux postsynchronisations des *Enfants du paradis* : « Pour une fois que je me tape un homme, me voilà indigne nationale... »)

Corinne n'était pas un oiseau de proie, comme Arletty, mais un colibri perdu dans la tempête. Sa fuite, son exil en compagnie des siens s'achève en Italie où les Américains les arrêtent et les livrent aux FFI. Et Corinne, redevenue Rosita-Zizi, se retrouve dans la prison de Nice où, ironie du sort, elle avait tourné son plus grand succès, *Prison sans barreaux*. Mais cette fois, les barreaux sont bel et bien scellés aux murs de sa cellule. Deux ans de prison, une existence en miettes. Et un père, le jeune et joli papa, fusillé. Quand elle retrouve la liberté, en 1947, Simone, elle, est la révélation de *Dédée d'Anvers*, la plus belle garce de l'après-guerre. Rosita-Zizi ne sera plus jamais Corinne. Même si un jeune journaliste-cinéaste, Jean-Charles Tachella, assistant et ami de Léonide Moguy, éperdu devant cette fleur qui se fane, veut lui faire croire qu'on pense encore à elle du côté de Cinecittà. Et quand Corinne s'éteint, solitaire, dans l'indifférence générale troublée par quelques échos fielleux, Simone est déjà « la » Signoret, la vedette de *Manèges* avant de rejoindre *La Ronde* de Max Ophuls, en attendant *Casque d'or* de Jacques Becker. Et le souvenir de Corinne... « Pourquoi me parlez-vous tout le temps de Corinne Luchaire, s'agaçait Simone, je ne sais presque rien d'elle. »

Au lendemain de la Libération, on avait fait le ménage dans le cinéma français. Arletty, Ginette Leclerc, Viviane Romance étaient passées à la trappe. Néanmoins, après une retraite obligée, ces dames revenaient, le talent sinon la beauté intacts. Mais avec quelques années de plus, une réputation ambiguë, enfin bref un handicap difficile à surmonter. Des « anciennes », seules Michèle Morgan et Danielle Darrieux demeuraient intouchables, échappant aux règlements de comptes de la Libération, l'une grâce à un exil hollywoodien, la seconde parce que ses « gaffes » pendant l'Occupation relevaient plus de ses battements de cœur que d'un quelconque engagement politique. Et puis, que ne pardonnerait-on pas à Danielle Darrieux, l'image même de la féminité, plume si jolie, si légère, un talent si exact ? Parmi les nouvelles venues, les Nicole Courcel, Brigitte Auber, Dany Robin, Danièle Delorme, deux étoiles étaient nées et pouvaient briller dans le même ciel sans se porter ombrage : Martine Carol et Simone Signoret.

« Dix ans après, Bardot nous a toutes renvoyées à nos chères études », précisait Simone en riant (ce qui l'aida peut-être dans sa mutation de grande actrice mais porta un coup mortel à la carrière de Martine). A l'époque, le cinéma intello — promu plus tard par la nouvelle critique et la Nouvelle Vague, c'était d'ailleurs du pareil au même — n'existait pas. Cocteau et Prévert étaient des poètes; Buñuel et Orson Welles, des étrangers. Et Hitchcock passait, à juste titre, pour un maître du « suspense », donc du pur divertissement. Futile donc. Martine et Simone commencèrent par être, chacune dans leur genre, dans leur style, des actrices populaires.

Cheveux blond platine, fourreau noir, le nez en trompette, l'œil coquin, plus Caroline chérie que nature, Martine est une adorable créature dont rêve le grand public. Parce qu'elle incarne nos rêves, précisément. D'ailleurs elle a déjà une légende : on chuchote qu'elle a eu pour amant Pierrot le Fou, le gangster; elle s'est suicidée pour Georges Marchal quand celui-ci l'a quittée pour Dany Robin — mais attention, elle ne s'est jetée dans la Seine qu'après avoir déposé son vison sur le parapet du pont; le fils Barnum l'a séquestrée dans un train particulier immobilisé en plein Texas; elle a été l'épouse éphémère de Stephen Crane, le mari de Lana Turner dont elle est d'ailleurs la parfaite réplique française; et maintenant, elle est la femme de Christian-Jaque qui lui offre les grandes héroïnes de la littérature et de l'histoire en guise de cadeaux de mariage : Lucrèce Borgia, la Du Barry ou Nana (Nana que j'imaginerai toujours sous les traits de Signoret-Casque d'or découverte sur la couverture d'un numéro du *Crapouillot* de Galtier-Boissière consacré aux bas-fonds parisiens). Martine n'est pas chic, ça, non, c'est Michèle Morgan qui s'en charge. (Le monde du spectacle est cruel dans ses classements mondains : à l'occasion de l'indépendance du Congo, on avait invité Michèle Arnaud, chanteuse à texte, poétique, à se produire à Brazzaville. « Mais, rassurez-vous, devant la communauté blanche, lui avait-on précisé. Pour les indigènes, on a fait appel à Madame Line Renaud. ») En fait, Martine est l'illusion du chic dont se grisent les banlieues. Et d'ailleurs elle en remet, Martine, elle se couvre de bijoux et de fourrures, madone à la mode espagnole, chez qui on peut apporter ses rêves et son manger, caviar et champagne compris.

Toute à sa mission, Martine, en fait, est une héroïne tragique. Elle pousse la conscience professionnelle jusqu'à être malheureuse en amour, déprimée, alcoolique, suicidaire, copie conforme, stéréotype de la star déchirée pour qui l'argent ne fait pas le bonheur et qui agonise dans une solitude dorée. Elle jouera le jeu jusqu'à en mourir, justement, dans un palace de Monte-Carlo, Martine, et — honneur ou horreur suprême — on ira jusqu'à profaner sa sépulture, qu'importe que ce soit pour lui rendre un dernier hommage ou voler une bague en diamants laissée à son doigt pour l'éternité par son veuf inconsolable. Au crépuscule de sa carrière, avec *Lola Montes*, Max Ophuls lui offrira son portrait en pied nature. Maryse Mourer, dite Martine Carol, n'était pas une pauvre petite star riche mais une vaillante et délicieuse starlette, au talent méconnu, hissée à la force de ses jolis poignets sur les écrans du samedi soir.

Simone, c'est un autre cas. Magnifique, d'une beauté plus étrange et plus moderne, elle inquiète, elle dérange quand elle ne se conforme pas à son emploi, celui d'une garce dangereuse, cynique et avide. On a envie de chérir Martine même si — surtout parce que — elle est frivole. On se plaît à craindre Simone parce qu'elle semble menaçante. Son emploi, comme on dit, de *Macadam* à *Dédée d'Anvers* et bientôt de *La Ronde* à *Casque d'or*, ne lui permet pas d'arborer la panoplie des vamps de haut vol, les femmes fatales à la Marlène ou à la Garbo. Au contraire, dans ses oripeaux, elle échappe à tous les clichés du cinéma même si celui-ci relève souvent plus du cinoche que du septième art. Le talent de Martine est enfoui dans des apparences factices, fabriquées. Les dons de comédienne de Simone sont évidents, à nu. Ce sont ses paupières lourdes sur des yeux étincelants et changeants comme la mer, une bouche gonflée qui tressaille, une voix un peu rauque, un peu *faubourienne* avec un léger défaut sur la langue qui la rend presque enfantine, l'ovale parfait du visage, la rondeur exquise de la silhouette et, surtout, ce mélange de dureté et de vulnérabilité dans l'attitude qui en fait la plus énigmatique des femmes.

Faut-il avoir peur de Simone Signoret ? Oui, bien sûr, et d'ailleurs elle s'en amuse. Sa légende, à elle, est contradictoire : elle est née dans les beaux quartiers (à l'époque on ignore son passage aux *Nouveaux Temps* et les misères, au reste partagées par ses contemporains, de l'Occupation) et elle affiche des idées avancées voire révolutionnaires qui sont celles de ses maris et de ses amis. Pas de gangsters, non, mais des communistes — ce qui est bien pire. Contrairement à Martine qui joue avec ferveur ses personnages, parce qu'elle désire leur ressembler, se fondre en eux, Simone s'identifie à eux le temps de l'aventure, du film. Mais sans griserie, avec le contrôle total de la situation. Martine joue non sans naïveté et c'est d'ailleurs son charme. Simone compose avec tant d'intelligence, de patience, d'ingéniosité qu'elle recrée, qu'elle réinvente la vérité. Martine est un objet autant que Simone un sujet. Au fond, elles n'appartiennent pas à la même planète. Martine serait plutôt du côté de la Kermesse aux étoiles où, dans les jardins publics parisiens, les foules transies viennent solliciter les autographes des vedettes à capelines sous l'œil impérieux des maréchales Leclerc et de Lattre de Tassigny tout de noir vêtues. Simone, elle, est plutôt du côté du CNE (Centre national des écrivains), vente de livres organisée par *Les Lettres françaises* où les célébrités de gauche viennent tenir la jambe ou plutôt la main aux écrivains engagés (à gauche, bien sûr). Mais, attention, révolutionnaires ou pas, des hiérarchies sont respectées : Aragon et Elsa auront droit à Simone et Montand; Roger Vailland et Claude Roy, à Gérard Philipe et Danièle Delorme. Pour les personnalités de moindre renommée, on trouvera toujours quelques starlettes.

En fait, Simone Signoret a déjà sa bande — disons ses fidèles —, son petit « noyau », pour parler comme Madame Verdurin : des comédiens, bien sûr, des journalistes — indispensables à la propagation de la « ligne » politique — et quelques auteurs qui, plus tard, deviendront ou seront remplacés par de grands écrivains et de hauts intellectuels, Michel Foucault par exemple, qui la fascine, fascination réciproque d'ailleurs. Et comment ne serait-on pas fasciné par cette dame plus fantastique que fantasque qui résume la marche du monde avec une voix de velours et une logique — « sa » logique — de fer ?

A l'époque, donc, Simone, sans doute l'actrice la plus brillante, la plus séduisante de sa génération, n'est pas aimée. Parce qu'elle est en quelque sorte victime de l'image donnée par ses rôles : une femme dure, dont la beauté

— « vulgaire » décrètent les gens réactionnaires, amalgamant le personnage et la personne, Dédée et Simone — devient une sorte de piège ; une femme riche, le pied-à-terre de la place Dauphine (il est minuscule mais on ne le sait pas), bientôt la propriété du bocage normand en témoignent, qui joue pour et avec les pauvres ; l'Evita Perón du septième art, une femme fanatique, communiste ou tout comme, qui confond le rideau rouge avec le rideau de fer et qui, légende oblige, envoie — on ne se lasse pas de le répéter — sa femme de chambre vendre *L'Humanité-Dimanche* sur les marchés. Simone a-t-elle souffert de cette caricature que l'on donnait d'elle, essentiellement d'ailleurs dans les milieux et la presse d'extrême droite ?

Quand je l'ai connue, elle en riait, elle en ricanait mais sa métamorphose physique et morale était achevée. J'imagine pourtant qu'elle dut en souffrir. Ne serait-ce que parce que tout était faux : sublime actrice, elle se vouait corps et âme à ses rôles en fonction de l'histoire où ils se situaient. Elle ne cherchait pas à les modifier pour sauvegarder ses apparences « civiles ». Morale de l'acteur, de l'authentique acteur : si le personnage est haïssable, eh bien, il faut subir le risque d'être haï.

Puisque aussi bien l'illusion se substitue à la réalité. D'ailleurs n'a-t-elle pas toujours affirmé, Simone, qu'elle choisirait le rôle d'une collabo ignoble dans un film politiquement honorable plutôt que celui d'une résistante héroïque dans un film facho?

Simone Signoret ne jouait pas la comédie
pour rire, elle y entrait pour la servir, servante
consciencieuse de l'art. Si riche que ça, au fait?
Pas plus que les autres comédiens en vogue et
certainement moins que ceux d'aujourd'hui.
En tout état de cause, cet argent, elle le gagnait
à la sueur de son front, même si le maquillage
l'empêchait d'y perler. Et quant à la propriété
dans le bocage normand, elle y accueillait
autant sinon davantage les amis que la famille.
Fanatique? Alors là, pas du tout. Tatillonne,
oui. Encore un effet de son perfectionnisme de
comédienne, qui relisait son scénario à la vir-
gule près, hésitait pendant des heures sur le
choix d'un adjectif. Il en allait de même pour
la rédaction d'un tract ou d'une pétition.

Toute déclaration publique, pour elle, avait un caractère grave. Eh oui, Simone n'était pas frivole et, bien qu'elle aimât rire, n'était pas légère dans ses discussions idéologiques. Obsessionnelle? Certes. Mais comment obtenir la signature d'Untel pour la libération de X ou de Y sinon en pistant le futur pétitionneur, en revenant à la charge, en l'assommant de coups de fil et de coups de gueule? Peu de temps après sa mort, en hommage à sa mémoire en quelque sorte, je m'étais proposé pour recueillir les adhésions de mes camarades et collègues du journalisme et de la littérature en faveur de la victime d'une injustice commise aux antipodes. Ce ne furent que des : « Si vous pouviez rappeler dans deux ou trois jours » — « Toi, tu t'occupes de ça? Tu te prends pour qui? » — « Je ne tiens pas à me faire de la publicité avec ce genre de drame, je trouve ça trop dégueulasse » — « Etes-vous sûr que la cause est valable? Il faudrait avoir l'autre son de cloche, non? » — « Ou bien je signe tout, ou bien je ne signe rien, alors je ne signe pas » — « D'un point de vue déontologique, vous devriez pourtant savoir que ce n'est pas possible » — « Vous vous êtes trompé de numéro » — « Je n'ai pas le temps par téléphone, envoyez le dossier à l'adresse de mon agent » — « Ça va pas, non ! » Enfin bref, je cours encore...

Communistes, Simone et Montand ? Mais non. Compagnons de route à la rigueur. Leur engagement était d'ordre humanitaire le plus souvent. Et comme il fallait bien suivre la marche du mouvement, étant donné l'agressivité de l'adversaire, c'était la guerre froide, Simone et Yves suivaient et ne voyaient pas toujours les tournants à temps. D'où quelques collisions mémorables. En fait, Yves et Simone étaient de petites souris avec lesquelles les gros chats du PCF se plaisaient à jouer. Aragon, par exemple. On se rappelle le scandale provoqué par la tournée de Montand en URSS juste après l'entrée des chars russes à Budapest. Dans la *Nostalgie*, Simone a raconté par le menu les perfidies enjouées du grand poète. Peu avant leur départ pour les pays de l'Est, Aragon, escorté par Elsa et sa sœur, Lili Brik, la veuve de Maïakovski, lui avait sur sa demande rendu visite place Dauphine. Tous trois sortaient un peu déçus d'une réception à l'ambassade d'URSS qui, pour le champagne et les petits fours, n'avait pas été, cette année-là, à la hauteur.

Question liqueurs, Simone, elle, l'était. On sirote. Entre deux gorgées, Simone demande un conseil au grand poète communiste à propos de la fameuse tournée de Montand dans les pays de l'Est. Celui-ci les engage à partir. Et quelques jours plus tard, alors que leur départ est annoncé dans la presse, le grand poète communiste estime à haute et intelligible voix dans un salon que la tournée en question est « inopportune ». Simone ne se lassait pas de raconter cette trahison d'un homme qu'elle admirait, elle en avait encore les yeux luisants de rage et d'ironie mélangées. C'est qu'elle, la Signoret, ne reniait jamais rien et surtout pas son passé ni ses amis. Aragon, c'était autre chose. Ce beau monsieur aux yeux si bleus était la perfidie même. Ou alors était-il la victime d'Elsa Triolet, sa terrible épouse... Mais c'est une circonstance atténuante assez faible.

Et pourtant, bien des années plus tard, habitant à côté de chez lui, rue de Varenne, je verrais de ma fenêtre, la nuit, ce veuf plus en goguette que joyeux, maquillé, poudré, tanguer sur le trottoir au bras de voyous ou plutôt de jeunes homosexuels déguisés en voyous, un peu hagard sans doute, le grand poète communiste, mais enfin si libéré. Aragon, bien sûr, n'était pas de ces communistes ordinaires comme on les aimait ou les détestait, au choix. Elsa, n'en parlons pas, elle était d'abord russe, impériale et impérialiste. Non, les authentiques communistes — et ceux d'ailleurs qu'avait commencé par fréquenter Simone — c'étaient les Livi, son beau-frère et sa belle-sœur, la famille Livi, sa nouvelle famille. Ils devaient ressembler à ceux que j'avais côtoyés, enfant, dans les rues de Champigny. Le « peuple » selon une image d'Epinal mais les images d'Epinal ne sont-elles pas le reflet le plus fidèle de la réalité ? La bourgeoisie réactionnaire — et elle l'était furieusement en ces temps de guerre froide — s'effarait volontiers que les « camarades » des ours soviétiques fussent ces hommes en chemise blanche impeccable, une baguette de pain sous le bras, qui rejoignaient leurs compagnes, des jeunes femmes en robe à fleurs. Et on imaginait danser, le dimanche, la valse-musette ou le tango dans les guinguettes du bord de Marne. Le couteau entre les dents ? Ouais. En réalité, c'est quand ils sont propres sur eux et bien élevés que les damnés de la terre sont effrayants.

Simone et Montand partirent donc pour Moscou et les pays de l'Est dans l'opprobre général. Et avec une « couverture » de presse hargneuse. Ce qui stimulait sans doute plus Simone que Montand. Elle ne détestait pas l'adversité. Mais, à l'écouter, on comprenait que cette tournée n'avait pas été une promenade, et surtout pas une partie de plaisir. Il n'en restait pas moins que ce voyage, quand elle le racontait, avait eu quelque chose d'héroïque : une balade chez les dangereux fossiles du Kremlin avec, pour bagage, la haine de leurs concitoyens. Pour Montand, on imagine que l'affaire était plus simple : d'abord, il venait chanter et c'était déjà une justification convenable de sa présence. Et puis après tout, cette tournée, quelque part, c'était l'accomplissement du rêve Livi. Même si ce rêve tournait au cauchemar. Pour Simone, le voyage se présentait de façon plus ambiguë. Elle n'agissait pas, elle ne chantait pas, elle ne jouait pas. Elle était en représentation. Elle était en visite. Son monde, à elle, l'ex-amie de Marcel Duhamel, l'ancienne épouse d'Yves Allégret, c'était celui des trostkards, les frères ennemis des ogres moscovites.

D'un certain point de vue, elle était — mais provisoirement, et bien traitée, dans le luxe même, une touriste en enfer — dans la situation de ces anarchistes américains qui, comme John Reed, grisés par la révolution de 1917, avaient rejoint la nouvelle mère patrie du socialisme. Et bientôt, à Moscou, ils étaient pris au piège, persécutés par les nouveaux tsars rouges. Et rejetés par leur pays d'origine, les

Etats-Unis d'Amérique. Désormais sans passe-port, sans identité. Warren Beatty a raconté leur triste odyssée dans son beau film, *Reds*. Il avait d'ailleurs proposé à Simone le rôle d'Emma Goldman (tenu plus tard d'une façon sublime par Maureen Stappleton), cette New-Yorkaise pétroleuse, généreuse, vivotant sous la menace dans la plus lugubre des banlieues de Moscou où elle rêvait à son Amérique per-due. Et pourquoi l'avait-elle refusé, le rôle d'Emma Goldman ? Simone avait eu un demi-sourire mélancolique et confus : elle avait connu Warren Beatty à Hollywood grâce à sa sœur, Shirley MacLaine. A l'époque, il était un jeune homme dissipé, frivole, un des don Juan de Rodeo Drive et de Sunset Boulevard. Elle n'imaginait pas qu'il pût écrire sur un sujet si grave — et qui lui tenait tant à cœur. Elle n'avait même pas ouvert le scénario. C'est quand la rumeur flatteuse sur le film du petit Warren était arrivée jusqu'à la place Dauphine qu'elle avait compris son erreur. « Je l'ai raté, c'est de ma faute, dommage », concluait-elle, dans un soupir.

A Moscou et puis, ensuite, dans les pays de l'Est, Simone fut à la fois heureuse et frustrée. Victime, une fois de plus, de ce paradoxe entre la réalité de sa position — brillante, évidemment — et ses rêveries d'humilité. Place des Invalides, quand, avec Montand et ses musiciens, elle avait embarqué dans le car qui devait les conduire à l'aéroport d'Orly, en route pour Moscou via Prague, elle avait éprouvé le climat de réprobation quasi haineux à leur endroit, même si quelques intimes et fidèles (François Périer, José Artur, Raymond Rouleau, Danièle Delorme, Yves Robert, etc.) les confortaient au moment des adieux. Mais ce voyage, si décrié soit-il, n'était pas un châtiment, voire un exil, ou encore un départ pour le bagne. Et elle le précisait elle-même, elle ne partait pas sans bagages ni sans ses « tenues », grandes et petites. De même, là-bas, serait-elle accueillie plutôt du côté de Lili Brik que du côté d'Emma Goldman ou du moins de ses successeurs.

Curieusement, il y avait, chez Simone, un désir d'être considérée comme tout un chacun, peut-être même un peu moins bien considérée que les autres. Alors que, inconsciente ou non mais impérieuse, elle exigeait toujours d'être la première partout. D'ailleurs ne m'avait-elle pas confié, non sans ironie : « C'est très important d'être une vedette. On descend la première de l'avion, on a aussitôt un chauffeur qui vous ouvre la portière de la limousine, on vous offre des fleurs, la meilleure chambre dans le palace, on n'attend jamais. » Mais il y avait toujours en elle cette tendance à nier sa situation privilégiée sans pour autant renoncer à ses privilèges. Le récit qu'elle fait, dans la *Nostalgie*, de sa visite au Bolchoï en compagnie de la femme de Georges Sadoul (un des historiens du cinéma — communiste — renommé de l'époque, mais il est vrai qu'il avait critiqué à tort et à travers *Casque d'or* au nom de la morale prolétarienne) en ce sens est éloquent. Un soir, elle se rend au Bolchoï avec la timidité d'une débutante de la vie mondaine moscovite (« Tous les soirs, j'avais accompagné Montand au théâtre ou au stade où il chantait ; pour une fois, j'irais au Bolchoï »).

D'ailleurs, pour cette occasion exceptionnelle, au-dessus de sa condition, semble-t-elle vouloir dire, elle « s'habille » dans le but, en somme, de préserver sa timidité (« Je choisis de porter mon beau tailleur de velours noir de chez Hermès, j'accrochai à mes oreilles et à mes poignets des choses très sobres, mais de très bonne qualité. C'est emmitouflée et chapeautée de vison pastel que je traversai Moscou avec Rutha Sadoul, au fond d'une énorme Zim à rideaux de satin gris. J'avais toujours cru que ces voitures à rideaux étaient des inventions de cinéastes américains, spécialistes de films antisoviétiques. ») Voulue ou pas, la stratégie est en place : tout endimanchée qu'elle soit, il y a elle, Simone Signoret, qui n'appartient pas au système où règne Rutha Sadoul (qu'elle n'appellera plus d'ailleurs que « Madame » Sadoul, et les proches de Simone savaient ce que cette distinction, « Madame », pouvait signifier d'insolence et de dédain pour la malheureuse qui en était affublée). « Madame » Sadoul est donc rejetée dans la caste des nantis pseudo-révolutionnaires qui ne comprennent pas ou plutôt ne veulent pas comprendre les choses de la vie. Et de l'art.

D'ailleurs Rutha « Madame » Sadoul, éblouie par les étoiles du Bolchoï, veut aller féliciter dans sa loge la Plissetskaïa, dont elle admire tellement la grâce et qui est son amie, alors que sur la scène ce n'est pas la Plissetskaïa que l'on vient d'applaudir mais une doublure — la Plissetskaïa se produisant le même soir à Kiev. Autre détail : « Une petite femme habillée comme une gouvernante anglaise » vient les saluer, « Madame » Sadoul et Signoret, dans leur « énorme loge officielle » (où, on l'a compris, Simone n'avait pas ses habitudes puisque aussi bien, elle nous l'a dit, elle allait plutôt au « stade » avec Montand qu'au Bolchoï). C'est Oulanova, la plus grande danseuse du moment. On ne nous a pas dit comment était vêtue « Madame » Sadoul. Mais il est évident que Simone, en dépit de son tailleur de velours noir de chez Hermès (mais ne serait-ce pas une sorte de déguisement, voire d'uniforme ?), s'identifie à Oulanova, la « gouvernante anglaise ». A juste titre d'ailleurs. Ne s'agit-il pas de deux grandes artistes ? Alors que « Madame » Sadoul n'était en fait que l'épouse d'un critique de cinéma, ce qui ne devait guère lui permettre de s'habiller chez Hermès — ou de se faire prêter un tailleur par celui-ci. (Mais, à l'époque, ce genre de pratique n'était sans doute pas de mise.) Fin de parcours pour « Madame » Sadoul. Elle est exclue. Pourquoi ? Après tout Simone Signoret n'avait vraisemblablement rien à reprocher à Rutha Sadoul sinon d'être là, de ne pas être actrice, d'être communiste orthodoxe et donc d'être comme un poisson rouge dans l'eau ou plutôt dans la loge du Bolchoï, symbole du paradis soviétique. Eh bien, probablement, à cause de toutes ces raisons.

Le voyage du couple Montand-Signoret à Moscou, bon gré mal gré, était perçu comme une adhésion sinon au PC du moins à sa politique. D'où un malaise, surtout de la part de

Simone qui avait toujours refusé toute espèce d'engagement officiel. Et voilà qu'elle, l'actrice, l'indépendante, la frondeuse, était embarquée dans la limousine affrétée par le Parti pour Rutha Sadoul. « Madame » Sadoul qui n'était rien ou presque à Paris, certes, mais qui était quelqu'un ici, ne serait-ce que dans la mesure où son époux fréquentait les hautes instances. Sous les lazzis, voire les menaces, Simone en compagnie de Montand avait quitté Paris pour Moscou. Et à Moscou, voici qu'on la remettait à un rang détestable, celui des compagnes des « apparatchiks ».

Alors, si on décompose l'affaire, tout ne pouvait que la blesser, aussi bien en qualité de femme et d'artiste mais, aussi, dans sa condition de personnage public. On la manipulait, on lui enlevait sa réalité, son indépendance, on la niait, on se servait d'elle et on la flanquait dans une limousine à côté d'une « dame » dont elle aurait été l'ennemie irréductible si le temps et l'espace ne les avaient préservées l'une et l'autre des tragédies antérieures. Oui, Simone aurait pu, aurait dû être Emma Goldman. Et elle n'aurait jamais supporté d'être inscrite au Parti communiste. « Mais, arrêtez de parler comme les autres, comme les cons, me répétait-elle. Je n'ai jamais été communiste, je n'ai même jamais été tentée. Simplement, parfois, nos chemins se croisaient. Mais ça, vous ne pouvez pas l'imaginer. »

Au fond, ce qu'elle aurait souhaité, c'est d'être toujours dans l'opposition, dans la minorité ; elle n'aimait rien tant que d'être *contrariée* par les puissants, les forts, un peu comme les jeunes gens rêvent parfois de martyre au nom d'une bonne cause incomprise. Mais son destin, au contraire, voulait qu'elle fût — grâce au temps, à son âge, à l'effritement de sa beauté — de plus en plus populaire, de plus en plus aimée, de plus en plus écoutée, de plus en plus suivie. Par la suite, Montand sut, lui, rompre avec ses démons (elle aussi d'ailleurs dans sa foulée, car il est faux de soutenir que l'« intelligente » Signoret précédait le « naïf » Montand dans tout ce qui était politique ou intellectuel) et se poser comme un oracle, faire le grand écart entre les consciences douloureuses de gauche et le bon sens un tantinet égoïste de droite. Là, Simone le suivait encore mais à contrecœur. Avant même que le procès de son mari ne fût instruit, elle présentait sa défense, justifiait ses prises de position sur la guerre que nous aurions dû déclarer aux Libyens au Tchad ou sur la vie

économique, par exemple. Des prises de position que, en son âme et conscience, en tout cas
dans son for intérieur, elle ne pouvait que réfu-
ter voire refuser à défaut de les désavouer.

Mais la petite bourgeoise de Neuilly n'était pas devenue qu'une grande actrice. Elle était devenue aussi, et Dieu sait avec quel amour! la femme d'un Méditerranéen. Donc, par voie de conséquence, une Méditerranéenne acceptant, mieux, réclamant le droit à l'obéissance, son obéissance, une soumission absolue à son homme. En dépit de leurs disputes légendaires, de leurs éclats de voix, des portes qui claquent, leur couple était aussi hiérarchisé qu'indissoluble. Montand la trompait avec des starlettes et des jeux de cartes, oui. Mais, tout douloureux que ce fût, c'était dans l'ordre des choses de la vie. Elle, d'ailleurs, prenait parfois sa revanche avec une rouerie, une mauvaise foi, une ingéniosité d'épouse délaissée.

Elle était loin, alors, l'étoile du septième art, l'intellectuelle de haut vol. Je me rappelle une fin de journée où ça avait dû barder entre eux. Elle ne disait rien, ruminant sa vengeance, les paupières baissées sur son regard qui, cette fois, méritait son qualificatif de « lionne ». Montand sifflotait. La dispute avait dû être interrompue par mon arrivée — on ne s'engueule pas en public — et on attendait du monde, Georges Beaume pour être précis, qui devait nous conduire au théâtre de l'Empire pour une répétition de la cérémonie des Césars. Nous nous étions entassés dans la petite auto de Georges Beaume. Il faisait froid. On avait remonté les vitres. Pour donner le change, éviter le silence menaçant, Montand parlait de tout et de rien. Elle, assise à côté du conducteur, impassible, avait tiré une cigarette de son éternel paquet qui ne quittait jamais sa main droite et, loin d'avaler la fumée, l'avait exhalée avec volupté. Elle avait pompé sa cigarette à la manière des fumeurs débutants. Montand avait commencé par tousser avec affectation. Ce qui l'avait poussée à allumer une nouvelle cigarette au mégot de la première. Cette fois, nous toussions de bonne foi, Montand, Georges Beaume et moi. Ce qui ne l'avait pas troublée une seconde. C'est donc à demi asphyxiés que nous étions descendus de voiture avenue des Ternes, devant l'Empire. Là, souriante, elle s'était accrochée au bras de Montand pour accueillir de joyeuse humeur Jean-Claude Brialy, maître des cérémonies, qui venait à sa rencontre.

Que Simone ait souffert de l'inconstance de Montand, c'est une évidence. Que Montand ait été responsable de son délabrement physique et de son alcoolisme, comme le prétendent certains, rien n'est moins sûr. Autant poser le problème de l'œuf et de la poule. La poule qui a pondu l'œuf n'est-elle pas sortie d'un œuf?

Parfois, donc, elle disait : — « Et maintenant, on ferme la boutique. » Rien ne me ravissait davantage. Cette petite phrase était un signal : elle signifiait, on l'a vu, son retour à la comédie. Elle baissait le rideau sur les malheurs du monde. Elle allait devenir une autre. Puisque aussi bien, on l'a vu, elle vivait ses personnages autant qu'ils l'aidaient à vivre. Casque d'or ou Judith Therpauve, la Veuve Couderc ou Lady Vamos (dans *La Chair de l'orchidée* de Patrice Chéreau), Madame Rosa ou la Contessa de *La Nef des fous*, on ne savait plus — et d'ailleurs elle-même aurait été bien en peine de départager — qui précédait qui, la personne ou le personnage. Deux rôles surtout lui tenaient à cœur, étaient comme assoupis en elle, prêts à resurgir au premier tour de manivelle : Madame Proctor et Alice Aisguill.

Madame Proctor, on s'en souvient, c'est l'héroïne des *Sorcières de Salem*. Un film fétiche qui résumait, d'une manière prophétique, une grande partie, en tout cas la plus importante partie de sa vie. Elisabeth est amoureuse, et jalouse, de John Proctor/Yves Montand. Ils finiront tous les deux victimes du fanatisme religieux. Et l'on sait que Simone avait, de l'enfance, gardé l'exaltation des causes perdues. Mais il y avait mieux : *Les Sorcières de Salem* était l'œuvre d'Arthur Miller, en proie comme chacun sait aux persécutions du maccartisme. Arthur Miller dont l'exquise épouse, Marilyn Monroe, allait connaître une brève histoire d'amour avec Montand (incartade qu'elle avait pardonnée, voire comprise — « On ne vit pas impunément en intimité avec la plus belle fille du monde. »)

Non, ce qui l'avait le plus fâchée, c'était la publicité donnée par la presse à l'affaire et, du coup, les apitoiements des uns — « Vous verrez, madame Signoret, il vous reviendra », alors qu'« il » était déjà revenu — ou les consolations des autres : « Je me rappelle, je me reposais à la Colombe [d'or] quand on m'a apporté un paquet contenant un manuscrit de Marguerite Duras. C'était *Les Viaducs de la Seine-et-Oise*, accompagné d'un mot de Marguerite. "Après ce que tu as vécu, j'ai pensé que ça pouvait t'intéresser", m'écrivait Marguerite. Le rôle qu'elle me destinait était celui d'une vieille femme mariée à un don Juan de banlieue, accusée d'avoir tué sa cousine sourde-muette. J'ai réexpédié le manuscrit et le rôle à Marguerite. » Pour en revenir aux *Sorcières de Salem*, on peut ajouter encore que les adaptations théâtrale puis cinématographique furent confiées à deux écrivains qui symbolisaient et traduisaient bien les pulsions idéologico-politiques de Simone : le prince des anars, Marcel Aymé, et le roi des gauchos, Jean-Paul Sartre. (Simple détail, en passant : les époux Julius et Ethel Rosenberg — dont on refusait l'idée qu'ils auraient pu être des espions au service de l'Union soviétique — après un procès spectaculaire avaient grillé sur la chaise électrique alors qu'Yves et Simone étaient condamnés à la pendaison chaque soir sur la scène du théâtre Sarah-Bernhardt ; et comment le couple de comédiens « engagés » ne se serait-il pas identifié, plus ou moins volontairement, au couple de réprouvés, victimes de la barbarie yankee ?) Enfin le film tiré de la pièce — et signé par le même metteur en scène, Raymond Rouleau, resté l'un des meilleurs amis de Simone de même que le tournage restait l'un de ses meilleurs souvenirs — avait été réalisé en RDA, lieu géométrique du passé diabolique de l'Allemagne, du communisme rédempteur et de la guerre froide.

Alice Aisguill, elle, c'était la divine surprise qui allait ouvrir les portes de Hollywood à Simone et lui assurer une stature internationale. Alice Aisguill est le personnage central des *Chemins de la haute ville*, un film anglais de bonne tenue mais sans éclat de Jack Clayton que Signoret avait accepté de tourner. Sa carrière piétinait. Elle était au creux de la vague. En fait, cette production modeste était appelée à un destin fabuleux, l'apothéose étant, bien sûr, représentée par l'Oscar de la meilleure interprétation féminine. Les Oscars — comme aujourd'hui les Césars, Molières et tutti frutti — sont des leurres.

Qui peut soutenir, par exemple, qu'une actrice comique prime sur une tragédienne ? A la rigueur peut-on établir une hiérarchie entre les films, les œuvres — et encore faudrait-il définir selon quels critères de prétendus

« juges » (en l'occurrence, les gens de la pro-
fession, donc du cinéma américain, ce qui
explique la quasi-absence des cinéastes et
acteurs étrangers dans les « nominations » et
les palmarès) peuvent décider qu'Untel est
supérieur à Untel. Cela vaut d'ailleurs pour les
prix littéraires, chez nous. Ou encore cette ini-
tiative d'un magazine littéraire d'élire les plus
beaux livres de l'année, ce qui a pour effet de
dresser une liste surréaliste où, par exemple,
un auteur classique devance un atlas, un
romancier sud-américain et un guide gastro-
nomique.

N'empêche, ne serait-ce que par la publicité
que ce genre de mondanités procure et puis
aussi parce qu'il s'agit de « l'Amérique »,
point oméga de la réussite pour le monde du
spectacle français et singulièrement pour
Montand/Signoret dans la mesure où ceux-ci
avaient toujours entretenu des rapports déli-
cats sinon désastreux avec les autorités consu-
laires américaines — le consulat des Etats-
Unis ne leur avait-il pas longtemps refusé le
visa de séjour en raison de leurs sympathies
marxisantes ? —, n'empêche cette consécration d'Aisguill/Signoret ne pouvait qu'enfié-
vrer Simone, reconnaissante pour la vie à la
modeste Alice qui en était le prétexte. Elle

avait débarqué à New York, Simone, en qualité, une fois de plus, comme à l'Est, de Mme Yves Montand, l'épouse du fameux *frenchie crooner*. Et voilà qu'elle triomphait, la Signoret, de Doris Day, la pin-up joufflue de la majorité silencieuse américaine, des deux sublimes Hepburn, Katharine et Audrey, et de la fracassante Liz Taylor, vedette, avec Katharine d'ailleurs, d'un chef-d'œuvre du septième art, *Soudain l'été dernier* de Joseph L. Mankiewicz.

Aussi bien, quand Rock Hudson (par la suite emporté, victime du sida, juste avant la disparition de Simone — le hasard est un orfèvre) hurla son nom, « Simoauaunne Signoray », à la foule endimanchée des sociétaires de l'Olympe, on imagine que la petite Kaminker, la dactylo de Jean Luchaire, la figurante des *Visiteurs du soir*, la « garce » du cinéma franchouillard, la somptueuse Casque d'or, Thérèse Raquin, Madame Proctor, la Diabolique de Clouzot, la signataire de l'*Appel de Stockholm*, la paria française en route pour le réveillon au Kremlin dans ses « petites zibelines », tous ces visages, ces silhouettes, ces corps tressaillirent de bonheur et de gloire. Et quand Simone, vêtue d'une robe à plumetis digne de Scarlett O'Hara, monta les marches du podium pour recevoir le trophée gagné par Alice Aisguill, toutes les créatures, ses sœurs, comme les Sabines de Marcel Aymé, se pâmèrent de gloire et de bonheur. Oscar qui permit d'ailleurs à Signoret, dès le lendemain de la remise du trophée, de ferrailler avec cette peste de Hedda Hopper, la commère la plus réactionnaire de Hollywood, horrifiée à l'idée de voir couronner par l'Académie une « communiste », française de surcroît. Mais qui se vengea bientôt sur la victime toujours désignée, l'infortunée Marilyn, la voisine des Montand au Beverly Hills Hotel, plus poupée, plus paumée que jamais, dangereuse voisine sans doute mais généreuse aussi puisqu'elle avait poussé l'abnégation jusqu'à présenter l'oscarisée intello à une perle rare de ses amies, une vieille dame de San Diego, décoloratrice de la Metro Goldwyn Mayer en retraite, qui avait inventé le blond platine de Jean Harlow.

Enfin bref, comment Simone aurait-elle pu oublier Alice ? C'est grâce à elle qu'elle pouvait militer pour le salut de Caryl Chessmann, le plus célèbre des condamnés à mort des Etats-Unis survivant d'appel en appel à quelques mètres de la chambre à gaz, valser au bras de Gary Cooper dans les salons du

Beverly Hilton dont le propriétaire, Conrad, il faut le préciser pour la petite histoire de l'Olympe, était l'époux de Zsa Zsa Gabor, son fils, Nicky, ayant été, lui, celui d'Elizabeth Taylor...

Rien n'était plus plaisant que d'assister à la métamorphose de l'actrice Signoret en personnage. Devant moi, toujours dans ce restaurant de la place Dauphine, elle s'essayait à des gestes anodins, petits gestes des doigts, petits mouvements des poignets, par exemple, qui seraient ceux de la femme en train de naître en elle. Une actrice est toujours une voyageuse avec bagage. Son alchimie, qui consiste à changer l'imaginaire en réalité, a besoin d'une panoplie complète. Rien n'est laissé au hasard. De même que la mémoire doit être assez forte pour que les mots, appris par cœur sans doute mais engloutis dans son corps, surgissent à point nommé (et dans sa bouche d'une façon spontanée), de même la personnalité de la créature se définit moins par l'invention de la créatrice (la cré-actrice) que par une foule de détails, un nouvel univers aussi complet que le nôtre.

Créer un personnage, c'est jouer à être le bon Dieu, c'est inventer le monde, c'est redéfinir le temps, l'espace, remettre les choses et les gens, les émotions et les sentiments, les attitudes et les réflexes à une nouvelle place; c'est brosser une fresque comme une miniature, avec la minutie d'un horloger. Simone affectionnait les rubans, les corsets, les boutons, tous ces articles de mercerie indispensables à la confection d'une robe ou d'un corsage, invisibles à l'œil nu quand la couturière aura terminé son œuvre. Eh bien, elle était à la fois la mercière et la couturière de ses personnages, puisant dans sa vie, dans son passé, comme dans les tiroirs de son commerce, tous les éléments indispensables à l'authenticité, à la vérité de ceux-ci. Eléments effacés, bien sûr, quand les personnages vivaient leur vie rêveuse, rêvée sur l'écran.

Ce travail acharné, rigoureux, épuisant, jamais terminé, ne rebutait pas Simone. Au contraire, elle ne se lassait jamais de chercher — même si elle semblait l'avoir trouvé — l'identité de cette autre qui, avec une lenteur progressive et bientôt irrésistible, l'envahirait, la dévorerait.

Un grand acteur, a fortiori une grande actrice, c'est l'aigle et Prométhée enfermés dans un seul corps. Alors où commençaient Casque d'or, Alice Aisguill, Madame Proctor, Judith Therpauve et compagnie, où finissait Simone ? Indissolublement liées les unes à l'autre en tout cas. Je me rappelle une séquence de *La Chair de l'orchidée*, le film de Patrice Chéreau qui m'avait laissé songeur, à la fois perplexe, charmé, avec un léger frisson d'effroi. Simone Signoret jouait — « était » serait plus juste — Lady Vamos, la geôlière de Miss Blandish/Charlotte Rampling, une sorte de Carabosse, de Thénardier qui avait dû être belle autrefois. A un moment, Lady Vamos traversait pieds nus la cave-prison de Miss Blandish, trouvait sur son passage ses mules à talon haut et, sans s'arrêter de marcher, sans se baisser, comme ça, les chaussait avec tout de même un petit tangage des hanches.

Ce n'était rien sinon un joli jeu de scène mais je ne cessais d'y penser, charmé donc mais avec un vague effroi : il me semblait tout à coup que Lady Vamos existait davantage que Simone Signoret, que celle-ci était une fiction ou, plus grave encore, une illusion. Aussi, quand je la revis quelque temps plus tard, je la regardai de biais, avec précaution. Si j'avais pu, j'aurais touché sa joue du doigt pour m'assurer que cette joue si tendre était bien de la peau humaine et pas de la pellicule. A la fin, n'y tenant plus, je l'interrogeai non sans maladresse sur Lady Vamos et comme elle me répondait d'une manière évasive — elle n'était pas dans une période de transe créatrice à cette époque, elle ne faisait pas l'actrice mais plutôt le siège de l'ambassade de Pologne —, je m'ouvris de mon inquiétude fantasmatique. Elle éclata de rire. Le jeu de scène, cette façon de chausser des mules à talon haut, elle l'avait cherché, découvert, et travaillé des heures et des heures durant. Un bon rire de gratitude, elle ne pouvait imaginer que ce petit jeu pût être perçu. Un peu déçu tout de même — parce que c'est si bon les frissons de frayeur — je compris que c'était Simone qui avait dompté Lady Vamos. Enfin, bref, qu'au cinéma ou au théâtre, il ne faut jamais avoir peur de Frankenstein.

Toute à ses rôles quand elle ne se consacrait pas à sa vocation de témoin, d'observatrice ou de prédicatrice, Simone se plaignait parfois que ceux-ci fussent toujours dramatiques. Et il est vrai que, mis à part le sketch irrésistible de *Dragées au poivre*, de Jacques Baratier, où elle s'entretenait au téléphone avec le légionnaire Jean-Paul Belmondo, on la distribuait le plus souvent dans des rôles de femmes ravagées ou ravageuses, des putes au grand cœur, des garces dangereuses, des grandes dames blessées ou des fermières aux prises avec des amours impossibles. Comme elle me trouvait assez rigolo, elle me suggéra un jour de lui imaginer, voire de lui écrire, une histoire comique.

Flatté mais un peu inquiet, je tournai sept fois le capuchon de mon stylo dans ma bouche avant de pondre un synopsis assez fâcheux. Elle aurait été la maman d'un gamin plus ou moins révolté parti en cavale avec une fille de son âge plus ou moins délurée. Pour rattraper les fugueurs, elle aurait accepté de faire attelage avec le père de la fille en question, un gros bourru sympathique mais réactionnaire. L'essentiel de l'aventure aurait été la difficile cohabitation entre elle, Simone, telle qu'en elle-même je ne l'aurais pas modifiée, et le gros bourru. (Il y a eu d'ailleurs, peu après, un film très réussi sur ce thème, interprété par Gérard Depardieu et Pierre Richard.)

L'instant le plus charmant des entreprises cinématographiques ou théâtrales, c'est le choix de la distribution (qui n'a pas rêvé de mettre des noms et des visages sur les personnages d'*A la recherche du temps perdu*? Dans le projet de Luchino Visconti, je crois, on retrouvait Simone Signoret en Françoise, ce qui à mon sens était une aberration; pour ma part, je l'aurais bien vue, et sans doute en aurait-elle été offusquée, en Madame Verdurin, à côté de Brigitte Bardot-Odette de Crécy, Catherine Deneuve-Oriane de Guermantes, Alain Delon-Swann — et non en Charlus qu'il figura dans l'adaptation de Volker Schlöndorff, le divin baron s'identifiant plus, comme l'imaginait d'ailleurs Visconti, à Marlon Brando ou à Laurence Olivier). Pour mon projet, donc, aux côtés de Simone, j'imaginais volontiers Daniel Auteuil et Isabelle Huppert, encore très jeunes et peu connus mais dont la grâce, la justesse du talent m'avaient touché, et surtout, dans le rôle du gros bourru réactionnaire et sympathique, Lino Ventura.

Celui-là, je le connaissais — en tant que spectateur bien sûr — depuis longtemps. Je l'avais même côtoyé deux fois : la première, dans un ascenseur de l'hôtel Thalassa de Porticcio, rencontre brève puisque l'établissement ne compte que deux étages et que Lino Ventura s'arrêtait au premier; l'ascenseur était petit et, étant donné la corpulence de M. Ventura et la mienne, nous nous frôlions presque ; gens bien élevés, nous évitions de croiser nos regards mais je sentais, je savais qu'il était aussi conscient de ma présence physique et affective que moi, de la sienne; c'est dire qu'au premier étage, quand M. Lino Ventura poussa la porte de l'ascenseur et disparut à mes yeux, je me maudis de ne pas avoir osé lui murmurer : « Oh ! Monsieur Ventura, comme je vous admire et je vous aime ! Quelle chance d'avoir partagé ces quelques secondes d'élévation en votre compagnie ! » La belle Françoise Fabian, qui fut sa partenaire dans le film épatant de Claude Lelouch, *La Bonne Année*, et qui resta son amie fidèle, me plongea davantage dans mon marasme en me précisant, plus tard, mais trop tard hélas, que Lino Ventura aurait été sans doute aussi enchanté d'entendre mon compliment que moi de le formuler.

Ma deuxième rencontre avec Lino Ventura, c'était de nouveau dans un hôtel de thalassothérapie, mais à Quiberon, cette fois, où Simone suivait une cure. Et de nouveau il sortait d'un ascenseur. Glaciale, Simone avait lâché : « Bonjour Monsieur Ventura. » Et lui, dans un salut galant mais l'œil pétillant de malice, de répondre : « Mes hommages, Madame Signoret. » C'est que Simone ne lui avait pas pardonné, et ne s'en cachait pas, un voyage dans l'Argentine des généraux aux noms troublants (Lanusse, Viola, Videla) pour assister à un match de football. Mundial ou non, Simone était intransigeante. Et c'est sans doute cette agressivité déclarée, de sa part à elle, et cette ironie défensive, de sa part à lui, qui m'avaient inspiré ce synopsis.

Que je déchirai aussitôt tant l'intrigue m'apparaissait faible.

Néanmoins, l'idée de rêver, d'imaginer une histoire au cœur de laquelle serait Simone ne me quitta pas pour autant. Mais j'oubliai son désir et concoctai une intrigue plus en harmonie, du moins l'espérais-je, avec sa personnalité. (C'est dur, compliqué de faire l'artiste sur commande ; je me rappelle qu'à ma première et seule tentative de théâtre, dans un cours d'art dramatique dirigé alors par M. Henri Bosc, celui-ci m'avait engagé à « travailler » une scène de *Britannicus* ; bien évidemment je le trouvai fade, ce pauvre Britannicus, surtout à côté de son demi-frère, Néron ; je fis donc Néron devant M. Henri Bosc, consterné : « Excité d'un désir curieux/ Cette nuit je l'ai vue arriver en ces lieux/ Triste, levant au ciel des yeux mouillés de larmes/ Qui brillaient au travers des flambeaux et des armes.... » Fin de la première et seule tentative.)

Pour Simone, je m'appliquai donc à lui tail-
ler sur mesure une intrigue plus tragique : elle
aurait été une grande dame bourgeoise,
ancienne héroïne de la Résistance, vivant dans
un somptueux appartement du XVIe arron-
dissement ou plutôt à Neuilly, comme la petite
Kaminker, en compagnie de sa belle-fille et du
bébé de celle-ci. Son fils, gauchiste, aurait
appartenu à un réseau d'anarchistes dans le
genre de la bande à Baader. Recherché par la
police, il se serait réfugié en Allemagne de l'Est
ou dans les pays arabes. Son épouse, la belle-
fille, en aurait eu le caractère, déjà difficile,
tout à fait gâté. Et, par voie de conséquence,
serait devenue réactionnaire, excessive, intolé-
rante, s'opposant sans cesse à sa belle-mère —

appelons-la Simone —, lui reprochant ses idées progressistes, son passé de résistante.

Un jour, un jeune homme sonne à la porte. C'est un camarade du fils prodigue qui, hélas, a trouvé la mort au cours d'un attentat, en Allemagne de l'Est ou dans un pays arabe. Lui-même, le jeune homme, est poursuivi, traqué, en danger de mort. « Simone », en dépit de ses réticences, l'accueille. Commence alors une vie à huis clos entre les trois personnages. La belle-fille commence par haïr le jeune homme et menace de le dénoncer. « Simone » doit intervenir. D'autant plus que le jeune homme craque, se lamente, s'exaspère et finit par exposer ses théories, ses expériences de terroriste. Or le terrorisme, « Simone » l'a éprouvé, pratiqué pendant l'Occupation. Elle en connaît les dangers, les dérives fatales. La belle-fille, de plus en plus sensible au charme du jeune homme, finit par tomber dans ses bras. Celui-ci ne boude pas sa bonne fortune même si, en fait, il est plus attiré, sentimentalement et intellectuellement, par « Simone ». Mais la belle-fille a la beauté du diable. Celle-ci d'ailleurs, amoureuse de son terroriste, change d'attitude et de philosophie. Pour lui plaire et parce que son caractère violent s'y prête, elle passe d'un extrême à l'autre. Autant

« Simone » conseille au jeune homme de se désengager, autant la belle-fille le pousse au contraire à renouer avec ses anciens amis. Mal à l'aise entre les deux femmes dont il est moins l'enjeu du duel que son prétexte, il finit, déchiré, malheureux, par pencher et donc tomber du côté de la belle-fille. Celle-ci l'engage dans une action désastreuse et meurtrière, style braquage de banque ou assassinat d'un grand patron. Action qui foire, bien entendu. La police ou, mieux, les agents d'une milice fasciste débarquent dans l'appartement. « Simone », confrontée à ses ennemis d'hier, retrouve son héroïsme. Et se sacrifie pour sauver le jeune homme égaré, son ingrate belle-fille et le bébé, son petit-fils.

Là, au moment de conclure le synopsis de cette édifiante et tragique aventure, j'étais dans un grand malaise et j'avais les larmes aux yeux. L'efficacité du sujet voulait la mort de « Simone ». Mais comment s'y résoudre ? Et puis, superstitieux, j'estimais — j'estime toujours d'ailleurs — qu'on ne joue pas sans risque avec la vie de ceux qu'on aime, même pour la galerie ou pour l'art. Enfin je ne supporte pas les histoires qui finissent mal. D'ailleurs je ne pleure avec cette émotion exquise des grands soirs au cinéma que lors des fins heureuses. Mais comment, où trouver une fin heureuse ? « Simone » devait mourir, à tout le moins être grièvement blessée. Non, non et non ! Je laissai l'épilogue en suspens. Elle trouverait bien, elle, la Signoret, une solution. Cette ébauche de scénario, on le devine, n'était pas innocente. On y retrouvait des correspondances sinon des parentés, avec *L'Armée des ombres* de Jean-Pierre Melville, où Simone incarnait Mathilde, une grande résistante, assassinée par Lino (tiens !) parce qu'elle avait vendu son réseau pour sauver sa fille, traquée par la Gestapo.

Mais mon scénario, à moi, était moins pervers : au contraire de Mathilde, traître par amour maternel, certes, mais traître malgré tout, Simone serait sans peur ni reproche, et surtout sans tache. Je m'étais inspiré aussi, inconsciemment ou non, du film de René Clément, *Le Jour et l'Heure*, qui se passe pendant l'Occupation, à Paris. Son intrigue n'avait que peu de rapport avec la mienne, et le personnage de Signoret — Thérèse — est aux antipodes de ma « Simone ». Mais le personnage de la sœur, interprété par la délicieuse et magistrale Geneviève Page, pouvait, dans sa frivolité et sa méchanceté bourgeoises, évoquer ma belle-fille à moi.

Quand je lui racontai, laborieux, mon projet ou plutôt mon sujet, attablé devant mon traditionnel kir, au Caveau, je vis dans les yeux de Simone la même consternation désabusée que dans ceux de M. Henri Bosc naguère, quand j'avais déclamé les plaintes de Néron. Elle attendait une comédie plus ou moins loufoque. Et je lui servais un drame, qui plus est un drame sur fond de terrorisme. Or le terrorisme, comme les explosifs dans ce genre d'activité, ça peut à tout moment vous sauter au visage, m'expliqua-t-elle. Il ne faut pas s'amuser avec ça. Du coup, nous quittions le domaine du spectacle pour celui de la politique, de l'idéologie, dans la foulée, de l'actualité. On rouvrait la boutique. Ce qui me navrait, non pas à cause de « notre » projet — j'avais fait une croix dessus —, mais parce que je ne souhaitais pas quitter les rêves du spectacle où je me plaisais tant avec elle. J'abordai donc l'idée de la distribution que l'on aurait pu établir à propos de ce film imaginaire.

Son intérêt fut aussitôt éveillé. Son œil s'aviva. On referma la boutique. Pour la belle-fille, je citai les noms de Marie-France Pisier — elle avait un côté « intelligentsia », Simone la connaissait grâce à Me Georges Kiejman devenu son avocat et ami après l'affaire Goldmann, elle opina de la tête — et de Nathalie Baye, dont la douceur, la faiblesse, la fêlure me semblaient autant de leurres et Nathalie Baye me paraissait, dans sa timidité précisément, dangereuse et menaçante — Simone resta de marbre. Pour l'encombrant visiteur, j'évoquai de nouveau Daniel Auteuil. Simone fut évasive. (Plus tard, juste avant la fin de sa vie, elle considérerait le « môme » Auteuil, qui s'était révélé un acteur rare et splendide dans *Jean de Florette*, comme son fils — et d'ailleurs, dans le film de Claude Berri, Montand n'était-il pas son « Papet » ? Cette affection, cette reconnaissance, n'était peut-être pas que professionnelle. Cherchait-elle chez les jeunes acteurs, ses semblables, l'enfant qu'elle n'avait pas eu avec l'homme de sa vie ?) Et Patrick Dewaere, alors le plus populaire des nouveaux comédiens avec Gérard Depardieu. Là, Simone s'enthousiasma. Au point que mon idée de scénario revint sur le tapis ou plutôt sur la nappe. Mais je ne défendis pas mon projet. D'abord, j'avais l'intuition que ses réticences reviendraient à la vitesse d'un cheval au galop. Et puis moi-même je n'y croyais plus guère.

Je ne me lassais pas de ses longs monologues sur le monde du spectacle, sur ses camarades, amis et ennemis confondus. Mais, au fait il n'y avait pas d'ennemis. Simone aimait les acteurs et même les actrices — comme on s'attendrit sur ses anciens camarades de classe avec qui, pourtant mais il y a longtemps, on a eu des misères, des querelles et même des batailles. En fait, il s'agissait plus de solidarité que d'amour — surtout avec les femmes. Juliette Gréco, par exemple, qu'elle appelait Jujube ou Bouboule parce qu'elle l'avait trouvée, naguère, grassouillette et mal fagotée. En fait, Gréco l'avait rendue jalouse. A l'époque, Juliette était déjà l'une des figures de Saint-Germain-des-Prés, pas encore une des chanteuses reconnues du music-hall. Mais elle voulait chanter et bien chanter. Montand, lui, était déjà une vedette. Elle avait donc demandé à Montand des leçons particulières. Simone n'avait pas vu d'un bon œil ces rendez-vous réguliers de Juliette avec son « mari », l'homme des plaines du Far West quand vient la nuit. Elle avait donc décrété que Juliette était une exécrable chanteuse, sans avenir. Et que les leçons en question n'étaient que des prétextes à une tentative de séduction. Et puis, Juliette était devenue Gréco, la Gréco, interprète favorite de Jean-Paul Sartre et de Raymond Queneau. Ce qui n'avait pas modifié l'attitude de Simone. Elle avait la rancune longue, Simone. N'empêche, toute à sa nouvelle légende, Gréco avait fait son chemin ; Simone avait suivi avec une indifférence plutôt hostile son ascension. Et voilà qu'un jour, elle avait, elle, Madame Signoret, été invitée à la Royal Performance de Buckingham Palace. Dans les années 50-60, la Royal Performance était une cérémonie obligée pour les stars dans le vent, d'obédience marxiste ou pas. On les mettait en rang d'oignons, les stars, vêtues en général d'une robe du soir à bustier, pour les dames, et d'un frac, pour les messieurs. Et elles attendaient au garde-à-vous le passage en revue de la reine Elizabeth, escortée du duc d'Edimbourg et de la princesse Margaret, pour plonger dans une révérence de cour ou s'incliner dans un salut très militaire. Les commentaires recueillis auprès de ces messieurs-dames étaient toujours aussi éloquents, aussi surprenants : « La reine est une personne très simple », « Le duc a une fière allure », « Savez-vous que Margaret m'a souri », etc.

Je me souviens d'une émission de télé où Brigitte Bardot évoquait ses souvenirs de gloire. Et donc de sa Royal Performance, à elle. Avant de prendre sa place dans le cortège, B.B. était allée poudrer le bout de son nez dans la powder room du Palais. Là, à côté d'elle, il y avait une blonde, à peine son aînée, une Américaine. On imagine, si on connaît la conscience professionnelle d'une actrice devant son miroir, l'attention exceptionnelle que l'une et l'autre devaient porter à leur visage. Pourtant la deuxième blonde, l'Américaine, avait surpris le regard de la première, la Française, dans un coup d'œil furtif. Alors, soudain, Marilyn avait adressé une œillade de complicité à B.B...

Simone n'en était pas là. Toutes zibelines dehors, sur le pied de guerre, elle avait croisé dans le hall de son hôtel une dame grande, brune, pas du tout boulotte mais mince, élégante. Au premier regard, les deux fauves s'étaient flairés, reconnus. La grande dame brune, élégante et mince, c'était Bouboule, bien entendu. « Et alors ? » avais-je demandé avec une curiosité un peu perverse. La scène où Scarlett O'Hara, vêtue d'une robe du soir confectionnée par Mama avec des vieux rideaux de velours, croise Belle, la prostituée au grand cœur, dans les escaliers de la prison où Rhett Butler a été incarcéré, me revenait en mémoire. « Eh bien, quoi ! avait grommelé Simone, amusée, nous sommes tombées dans les bras l'une de l'autre. Vous savez, nous, on n'oublie jamais que nous sommes embarquées dans le même bateau. »

On pouvait ironiser sur la beauté d'une de ses collègues mais si, d'aventure, quelqu'un se permettait d'émettre quelques réflexions, bienvenues ou non, sur sa vie privée, elle s'enflammait, devenait tout à coup plus tigresse que lionne. Sans doute la distinction un peu guindée de Michèle Morgan la faisait-elle sourire. Et je me rappelle qu'à un journaliste venu lui demander pour un magazine des photos d'elle en robe du soir, elle avait conseillé non sans ironie : « Pour ce genre de prestation, voyez plutôt "Madame Morgan". » Mais un jour où je potinais à propos des Mémoires de Bill Marshall que je comparais à ceux de son ex-épouse, « Madame » Morgan, entre autres le récit respectif que font l'un et l'autre du coup de foudre romain de Michèle pour Henri Vidal, elle m'arrêta net, presque fâchée : « Les gens ont droit au respect et à leur propre vérité, à leur histoire », m'avait-elle précisé d'une voix sèche et puis, aussitôt avec une lueur de complicité moqueuse dans l'œil : « Vous n'allez tout de même pas sombrer dans les ragots. Même si c'est rigolo. »

Elle comptait plusieurs amis et amies dans le monde du cinéma, Françoise Arnoul, Anouk Aimée, Danièle Delorme (plus l'actrice que la productrice avec laquelle elle avait eu, semblait-il, maille à partir), Serge Reggiani, François Périer surtout, Bernard Blier, Pierre Mondy, Marcel Bozzuffi, Roger Pigaut, Jean-Louis Trintignant et tant d'autres, célèbres ou inconnus. Katharine Hepburn, grande dame insolente entre toutes, avait été son intime. Elle ne tenait pas rigueur à Vivien Leigh, avec qui elle avait tourné *La Nef des fous* de Stanley Kramer, de l'avoir traitée avec la commisération et la rouerie que l'on peut avoir pour une novice.

C'était bien après l'Oscar et Marilyn. Mais Signoret était une star à part entière, logée comme d'habitude dans un bungalow du Beverly Hotel, qui aurait pu avoir son étoile sur le trottoir de Hollywood Boulevard (elle ne l'a toujours pas d'ailleurs, pas plus que Montand, et c'est bien fâcheux de la part de nos amis américains), et dont les frasques politiques avaient été oubliées. Au reste tout le monde ou presque, entre Bel Air, Westwood et Santa Monica, était devenu radical chic et on ne comptait plus, côte Est, les gauchistes sur Park Avenue.

Vivien s'était émue de savoir Simone solitaire dans son bungalow alors qu'elle se prélassait dans une villa de rêve. Elle avait invité Simone à la rejoindre. Elle lui avait proposé : « Je m'occuperai de mes plantes et toi, si ça ne t'ennuie pas, tu donneras un coup de plumeau ici et là. » Il y avait plus qu'un coup de plumeau à donner. Il y avait la vaisselle de la veille à laver, la moquette à dépoussiérer, les vitres à décrasser, enfin tout un travail de femme de ménage à effectuer. Le travail d'une femme de ménage qui, est-ce trop bête ! n'assurait pas sa fonction pendant le week-end. N'importe, Simone s'employait, c'est le cas de le dire, tandis que Vivien, sur fond musical invariable, le thème d'*Autant en emporte le vent*, glissait des

mots doux à ses eucalyptus et à ses rhododen-
drons.

Un jour, Montand avait téléphoné et Vivien
avait répondu, beaucoup plaisanté, puis
poussé un cri de stupeur. Elle était venue
rejoindre Simone qui s'affairait sur l'argenterie
dans la cuisine : « Ecoute, lui avait-elle dit à
peu près, il y a un célèbre chanteur français
qui te demande au téléphone. Et tu sais ce
qu'il prétend ? C'est qu'il serait ton mari. Ton
mari, à toi ! Et donc toi, tu serais la femme
d'un célèbre chanteur français. C'est fou, non ?
Toi, que je n'aurais jamais pu imaginer mariée
à qui que ce soit ! »

Plus tard, consciente cette fois de la position
mondaine et artistique de Simone, Vivien lui
avait proposé d'organiser avec elle la « party »
traditionnelle qui parachève et couronne la fin
d'un tournage. « Ce sera plus amusant, lui
avait-elle précisé, et à deux, ce sera moins oné-
reux. » A deux stars, avec la stature de Vivien
Leigh, peut-être, mais Simone manqua défaillir
quand elle vit le Tout-Hollywood envahir les
pelouses de la superbe villa, des centaines et
des centaines de personnes venues siroter le
champagne, le whisky, le gin, la vodka, la
tequila, enfin toutes les « liqueurs », dans

l'accompagnement musical, bien sûr, d'*Autant en emporte le vent*.

J'imagine que la joie de Simone en fut gâchée. Car Simone, si généreuse d'habitude, avait une certaine réserve voire une réticence non déguisée à propos de l'argent. Ne m'avait-elle pas confié un jour à propos de la merveilleuse cigale Jeanne Moreau, qu'elle aimait d'ailleurs avec tendresse, ces phrases stupéfiantes (que je lui reprocherai, et bonne joueuse, bonne âme, elle acceptera mes reproches) : « Jeanne est devenue célèbre et riche quelques années après nous. Mais elle, Jeanne, elle s'est laissé griser. Elle a acheté un hôtel particulier, une Rolls, un chauffeur, des bijoux et des fourrures. Elle a jeté l'argent par les fenêtres. Enfin bref, elle s'est ruinée. Montand et moi, notre luxe à nous, ce sont nos idées. Et ça, ça ne coûte pas cher. » Simone n'était pas une sainte. Dieu merci.

On murmurait que, sur un tournage, elle était une « peau de vache ». Qu'elle pratiquait un sport douteux : repérer un deuxième ou troisième assistant, fragile, vulnérable. Et s'ingéniait — ce qui n'était pas difficile tant la lâcheté, la vénalité règnent dans le monde du cinéma — à le faire vider. Attitude qui ne correspondait guère avec sa générosité profonde. Mais, allez savoir, au cœur de la bonté il y a parfois un soupçon de cruauté. Toujours est-il qu'elle aimait les acteurs et même les actrices qui auraient pu passer pour ses rivales.

C'est qu'elle admirait surtout ses collègues. Elle connaissait le prix du talent. Sur le plateau de *Rude Journée pour la reine* (film méconnu de René Allio où, femme de ménage, elle était en fait la Frégoli d'elle-même, de toutes ses apparences), elle s'était mise en colère parce que des jeunes comédiens aussi anonymes qu'avantageux s'étaient moqués de Fernandel dont la télévision, la veille, avait programmé un *Don Camillo*. Furieuse, elle leur avait démontré que l'art de Fernandel était celui d'un brillant illusionniste et que eux, en revanche, ils n'étaient rien.

Pourtant elle n'avait pas eu une lune de miel sans nuage avec le cinéma. A l'annonce de la mort de François Truffaut, comme je m'apitoyais sur son sort, elle avait hoché la tête et murmuré : « Vous savez, il n'était pas si gentil que ça, votre Truffaut. » Et il est vrai que Truffaut avait été, avant de devenir le cinéaste que l'on sait, le chef de file des terroristes de la Nouvelle Vague, à l'époque critique aux *Cahiers du Cinéma* et à l'hebdomadaire *Arts*, qui en bon révolutionnaire pur et dur avait organisé des charrettes pour la guillotine dans lesquelles on pouvait trouver, pêle-mêle, tous les réalisateurs d'avant leur « révolution » — soit, la mort de papa est un passage obligé —, mais aussi la plupart des grands acteurs et actrices de l'époque : Pierre Fresnay, Pierre Brasseur, Jean Gabin, Bourvil, Jean Marais, Gérard Philipe, Gaby Morlay, Martine Carol, Michèle

Morgan, Arletty sans doute, peut-être Danielle Darrieux, et même l'exquise Edwige Feuillère.

Seule Jeanne Moreau avait échappé à la rafle. Mieux, elle était devenue leur égérie. Mais il est vrai que Jeanne avait (a toujours) eu cette générosité intrépide qui la lance à cœur (et à fonds) perdu dans des aventures cinématographiques. Ce qui n'était pas le cas de Simone, femme vaillante s'il en fut, mais actrice frileuse, qui ne prenait que des risques calculés (*Judith Therpauve* avait été un flop auprès du public populaire, son public, certes, il n'en restait pas moins que c'était l'œuvre de Patrice Chéreau, enfant chéri de l'intelligentsia, qu'elle aurait d'ailleurs volontiers adopté).

Elle se méfiait des inconnus, des nouveaux venus. A l'occasion d'un passage à la télé de *La Gueule ouverte*, j'avais exprimé mon émotion devant ce film terrible sur la mort d'une mère et avais loué avec ferveur l'interprétation de Monique Melinand. J'étais bien imprudent ou indélicat — les actrices ne sont-elles pas deux fois femmes ?

« Vous savez, m'avait-elle dit, j'ai bien connu le petit Pialat. Il est même venu ici pour me proposer le rôle. — Et alors ? m'étais-je étonné. — Je lui ai rendu le scénario et je lui ai expliqué : il est très beau votre scénario, Pialat, mais je ne ferai pas votre film. — Pourquoi? — Vous m'imaginez, moi, Simone, mourant d'un cancer sur les Champs-Elysées? Mais on ne ferait pas un fauteuil. Pialat a fait son film que vous aimez tant. Eh bien, je ne m'étais pas trompée. Son film, si beau qu'il soit, a fait un bide sur les Champs-Elysées. Et quand j'ai revu le petit Pialat, je lui ai lancé: "Alors, Pialat, je n'avais pas raison?" — Mais tout de même, c'est un film magnifique », avais-je protesté. Elle était restée un instant songeuse, presque triste, et avait murmuré: « Oui, c'est un magnifique film. »

Elle venait, en quelque sorte, de me donner la clé du mystère de sa carrière à la fois si brillante et néanmoins un tout petit peu décevante. Elle était l'actrice la plus populaire et, en s'alourdissant, en vieillissant plus vite que son âge, la plus aimée des Français. Mais elle n'avait guère retenu l'attention des grands metteurs en scène. Bien sûr, il y avait eu Jacques Becker et *Casque d'or* — son rôle mythique qu'elle avait d'ailleurs failli ne pas interpréter pour rester à côté de Montand. Max Ophuls — mais sa participation dans *La Ronde* était modeste. Luis Buñuel — mais elle ne s'était guère entendue avec lui, elle l'avouait, et de toute façon *La Mort en ce jardin* n'était pas le meilleur film de don Luis. Stanley Kramer et *La Nef des fous* où elle ne partageait pas que l'affiche mais aussi le succès avec Vivien Leigh. Quelques autres encore comme Carné, Melville, René Clément dont les productions n'étaient pas inoubliables.

Jeanne Moreau, elle, en revanche, était la coqueluche des dieux. Son Bunuel à elle, *Le Journal d'une femme de chambre* d'après Octave Mirbeau, est une merveille du septième art. Elle était, elle est l'actrice fétiche d'Antonioni, d'Orson Welles, de Kazan, de Louis Malle, de Fassbinder et, bien sûr, de Truffaut. De presque tous, en somme. Seul le temps qui passe n'a pas permis à Fritz Lang et Hitchcock de l'employer. Mais ils avaient des projets pour elle. Et si Jean Renoir ne l'avait mise en scène dans une chanson, il avait juste avant sa mort écrit deux histoires pour elle. Jean Renoir ? Comment les rondeurs blondes de Simone avaient-elles pu lui échapper ? Pourtant elle était une de ses amies, une de ses proches même, quand à Los Angeles elle allait déjeuner le dimanche dans sa maison de Pacific Palisades et papoter avec Dido, son épouse. Pourtant non, dans sa filmographie, pas plus de Renoir que de Welles ou de Fellini, des hommes qu'elle chérissait autant qu'elle les admirait.

Mais, voilà, elle existait peut-être trop en qualité de Signoret, la conscience politique de la gauche, Notre-Dame des pétitions, l'intarissable bavarde, pour être crédible dans l'imaginaire d'un artiste se souciant davantage de la nature de son personnage que de la légende de son interprète. C'est que, on l'a déjà vu, la garce vénéneuse des années 1950 s'était métamorphosée en grand-mère courage du cinéma français, avec ses doux cheveux blancs et ce visage apaisé mais vieilli depuis qu'elle ne buvait plus — on murmurait qu'après la première alerte de la maladie, contrainte de renoncer à l'alcool, elle s'était consolée à l'idée que bientôt, peut-être, Casque d'or allait renaître en elle, or c'est la vieillesse qui avait surgi et elle en aurait été désespérée. Et autant donc l'avait-on crainte quand elle était jeune, autant la chérissait-on désormais. C'est elle que l'on cherchait et que l'on retrouvait sous le maquillage outrancier de Madame Rosa. La veuve Couderc, le chef de famille des *Granges brûlées* ou l'ancienne équilibriste boiteuse du *Chat*, on y croyait, bien sûr, tant son talent était à la fois subtil et fort. Mais dans ses yeux, dans sa voix, c'est Simone que l'on soupçonnait sous les apparences trompeuses de la fiction. On avait rendez-vous. Elle se présentait grimée, déguisée. On la reconnaissait, on était à la fête.

C'était comme un jeu entre elle et nous. En quelque sorte nous étions liés, nous entretenions une liaison. Alors tout se mélangeait, la comédie et la tragédie, les malheurs et la gloire, les succès et les misères conjugales. Elle était le témoin de son temps? Nous appartenions au temps. Elle se méfiait du statut de star, le refusait même. Dieu sait pourtant si la Signoret en était une. Star, au point qu'il n'y avait plus de frontière entre son existence publique et sa vie privée. Bon gré mal gré, elle nous appartenait. Elle n'était pas en représentation perpétuelle, non, mais elle s'exposait. Grâce à sa beauté — car en dépit des dégradations et de l'âge, elle resta belle jusqu'à la fin de sa vie —, à son génie, à son courage, à sa générosité, elle s'imposait parmi nous, devant nous. Elle était *évidente*. Donc vulnérable. Par conséquent sur la défensive. D'où cette froideur, cette distance un peu hautaine qui pouvaient froisser. C'est qu'elle était elle et sa propre image à la fois. Deux miroirs face à face. Elle n'était pas double mais multiple. Et nous qui la considérions, qui la désirions comme une grande actrice toute simple, eh bien, on était un peu perdus...

Un an avant sa disparition, Simone m'avait lancé une invitation délicate et gentille. Un ami, mon grand ami, Christian Bretagne, était mort dans la nuit d'une crise cardiaque qui le menaçait depuis longtemps. Mais, on ne croit jamais à ce genre de menace. J'étais donc aussi triste que désemparé. Bourrelé de remords aussi. Elle s'en aperçut, me questionna. Je lui avouai que Christian Bretagne, dont elle avait sans doute déjà entendu le nom puisqu'il était journaliste, désirait par-dessus tout la connaître. Christian Bretagne avait à peu près le même âge qu'elle. Ses premières émotions amoureuses, à lui, avaient dû, à coup sûr, correspondre à ses premières apparitions, à elle. D'autant que Christian aimait les femmes à la folie.

Elle s'étonna de ma réserve : pourquoi ne pas l'avoir amené place Dauphine ? Je ne le savais pas trop bien moi-même. Peut-être par jalousie, par crainte de le voir me supplanter mais c'était bien improbable, d'ailleurs ne lui avais-je pas présenté la plupart de mes amis ? Peut-être aussi parce que Christian avait été un homme de droite. Mais il ne l'était plus. Comme nous tous, il flottait au gré du vent, des bourrasques du monde. Peut-être enfin étais-je paralysé par cette pudeur sotte qui vous rend honteux de votre famille devant les étrangers prestigieux et les camarades de classe. Et là, ces deux combinaisons semblaient possibles : Christian était comme un parent, un frère. Et la personne de Simone Signoret si prestigieuse ! Et d'un point de vue plus présomptueux, à cause de mes nostalgies de comédien rentré (n'était-ce pas grâce au récit de celles-ci et à l'invitation de Bernard Pivot à « Apostrophes » qui en avait découlé que j'avais fait la connaissance de Simone ?), je pouvais me considérer comme un de ses « camarades ». Maintenant, je me sentais honteux.

Elle me questionna sur Christian. Je tentai de lui expliquer quel homme il avait été, la simplicité de son humour, la jeunesse de son esprit qui jointes à ses cheveux toujours noirs l'avaient maintenu dans une perpétuelle adolescence faite d'une fringale de rires et de petits pâtés, de mots de passe, d'un goût irraisonné que je partageais pour New York — dont nous parcourions les rues en sourds-muets étant donné notre fâcheuse pratique de l'anglais — et de notre passion pour les feuilletons de télévision américains, débattant sans fin des mérites comparés de *Dallas* et *Dynasty*.

Mais j'échouais à décrire sinon à faire revivre Christian. Ceux qui viennent de partir, la plupart du temps, on ne peut les évoquer, les ressusciter qu'entre familiers et à l'aide de quelques onomatopées ou grimaces, fils d'Ariane du souvenir. Pour ne pas être en reste, et pour la mémoire de Christian, j'évoquais la détresse de sa veuve. Alors Simone eut cette phrase délicieuse : « Amenez-la un jour à Autheuil, votre amie malheureuse. Il n'y a que les vieilles actrices pour divertir les inconsolables. » Je n'en eus pas l'occasion. Après un travail de deuil très spectaculaire et d'effroyables ennuis de santé, Mme Bretagne recouvra celle-ci et retrouva une vie sentimentale assez forte pour ne pas avoir besoin du secours de la « vieille actrice », ni d'ailleurs du mien.

Mais Christian continuait d'exister entre nous. Elle, qui ne l'avait pas connu et lui, qui aurait tant aimé la connaître. J'y voyais l'heureux épilogue qui après le récit de l'histoire des protagonistes résume dans un bref chapitre leurs destins communs.

Certains estiment, à l'orée de la vieillesse, que la mémoire est un cimetière. Pour ma part j'y verrais plutôt une cour de récréation, les bons jours, ou une salle d'attente, les mauvais.

Est-ce le fait d'être breton, je n'oublie pas mes morts, ils dorment ou même ils valsent en moi. Il suffit d'un coin de ciel au-dessus de la ligne d'horizon pour que je pense à tous ceux qui sont partis. Je connais un quai de Brest, à la limite du port de commerce et du port de guerre, devant le bassin où les officiers de marine ancrent leur bateau de plaisance, où mes chers fantômes remontent à la surface. A gauche il y a la pointe des Espagnols, en face le phare du Portzic, à droite, le « Château » de Vauban et au-delà, au large du Goulet, on devine l'Amérique. Parfois, quand le ciel est dégagé et que l'azur est si dense et pourtant si transparent, on imagine être au fond de l'eau, dans les hauts-fonds du monde. Alors, à cet instant magique, ils reviennent tous en farandole, mes fantômes.

Voici par ordre d'entrée en scène mes grand-mères Berthe et Zélie qui ne s'aimaient pas, mais c'était dans l'ordre des choses ; voici Jean dit Ajonc, si bon et si doux dont je n'ai compris le bonheur qu'il m'apportait qu'au bruit qu'il fit en partant, pour paraphraser Radiguet ; Christian le suit de près, à quelques années de distance ; et voici la sublime Simone, avant Pierre, victime de tant de misères ; et puis Guite, grande dame cassée dans son corps et dans son cœur, qui savait si bien sourire entre ses larmes, la pluie sur la mer ; et Françoise, bien sûr, qui connaissait bien Simone pour l'avoir tant photographiée.

Comme je l'ai dit plus haut, je n'ai guère le droit d'engager Simone Signoret dans cette danse qui, je vous l'assure, n'est pas macabre mais au contraire annonciatrice de retrouvailles. Et qui, bon Dieu ou pas, m'aide à vivre et donc à accepter l'idée de mourir. Je répète à voix basse leur nom, Zélie, Berthe, Ajonc, Christian, Pierre, Simone, Guite, Françoise. Alors je m'imagine qu'ils me protègent. Simone reste la star, bien sûr, l'immense comédienne, l'actrice qui fêtait Noël à côté de Khrouchtchev au Kremlin et dont le mari fut

Simone

l'un des flirts les plus célèbres de Marilyn,
Simone Signoret, c'est-à-dire Casque d'or,
Madame Proctor, Thérèse Raquin, Alice Aisguill, la Veuve Couderc, Lady Vamos,
Madame Rosa, Thérèse Humbert et les centaines de personnages qu'elle habite. Mais
Simone reste aussi cette dame amie que je ne
voyais pas encore mais dont j'entendais la voix
fredonner *Chicago, Chicago* en descendant
l'escalier en colimaçon de sa belle maison du
bocage normand.

Paris, 9 août 1995